팬을 만드는 마케팅

팬클럽이 있는 부산의 작은 영어학원 브랜딩 이야기

팬을 만드는 마케팅
팬클럽이 있는 부산의 작은 영어학원 브랜딩 이야기

2021년 6월 29일 초판1쇄 발행
2025년 1월 2일 초판5쇄 발행

지은이 문영호
펴낸이 김은경

펴낸곳 ㈜북스톤
주소 서울특별시 성동구 성수이로7길 30, 2층
대표전화 02-6463-7000
팩스 02-6499-1706
이메일 info@book-stone.co.kr
출판등록 2015년 1월 2일 제2018-000078호

'쏘스'는 콘텐츠의 맛을 돋우는 소스(sauce), 내 일에 필요한 실용적 소스(source)를 전하는 시리즈입니다. 콕 소스를 찍어먹듯, 사부작 소스를 모으듯 부담 없이 해볼 수 있는 실천 가이드를 담았습니다. 작은 소스에서 전혀 다른 결과물이 나오듯, 쏘스로 조금씩 달라지는 당신을 응원합니다.

북스톤은 세상에 오래 남는 책을 만들고자 합니다. 이에 동참을 원하는 독자 여러분의 아이디어와 원고를 기다리고 있습니다. 책으로 엮기를 원하는 기획이나 원고가 있으신 분은 연락처와 함께 이메일 info@ book-stone.co.kr로 보내주세요. 돌에 새기듯, 오래 남는 지혜를 전하는 데 힘쓰겠습니다.

005

팬을 만드는 마케팅

sauce
as a
source

내 일에 필요한
소스를 전합니다

문 영 호 지음

넉스톤

많은 산업이 온라인으로 전환되면서, 마케팅에서도 '애드테크' 또는 '마테크' 등 기술기반 마케팅이 급속도로 확대되고 있습니다. 그 흐름을 타고 퍼포먼스 마케팅이라는 영역과 이에 따른 많은 시장이 열리고 있습니다만, 그 최전방에서 일했던 저에게 정말 하고 싶은 마케팅이 무엇이냐고 물어본다면 브랜딩일 것입니다. 성과를 명확히 수치화할 수 없는 영역이지만 그 효과는 오래가니까요. 이런 브랜딩에 대한 고민을 하고 있을 때 우연히 부산에서 마주친 마케터가 바로 이 책의 저자, 문영호입니다. 저자는 소셜네트워크에서의 행동마저 전략적인 협업을 기반으로 하는, 탁월한 생계형 마케터입니다. 예산도 적고 브랜드도 없는데 디지털에만 승부를 걸기엔 너무 이른 시점에서, 과연 어떻게 마케팅해야 다음 단계로 나아갈 수 있을까요? 이 책은 이 물음에 대한, 매우 개인적이지만 솔직하고 실용적인 답변입니다. 해답을 주기보다 해답을 찾아가는 과정을 담아낸 저자의 이야기에서, 독자들 또한 자기만의 브랜드를 갖는 방법을 찾게 될 것입니다.
_ 김동현, 넷마블 AI센터장, 코웨이 DX센터장

흙속에서 진주를 찾아내는 눈을 가져도, 그것을 꿰어 목걸이나 팔찌를 만드는 것은 아무나 하지 못하는 일이다. 지난 15년간 지켜본 후배 문영호는 거기서 더 나아가 그렇게 만든 주얼리가 고부가가치의 이름값, 즉 브랜드를 갖도록 하는 데 탁월한 능력과 실력을 보여온 사람이다. 그리고 이 책에서 그는 그 비결을 '팬'이라는 한 글자로 명쾌하게 설명하고 있다. 팬이 존재하는 브랜드가 되지 못하면 살아남을 수 없는 무한경쟁의 이 시대에, 탁월한 경쟁력의 본질을 알고 싶은 모든 분께 감히 일독을 강권한다.
_ 박종윤,《내 운명은 고객이 결정한다》 저자

저자의 이야기를 듣다 보면 우선 반성부터 하게 됩니다. 브랜드의 정체성이 확립되지 않았거나 당면한 과제들에 부대끼며 초심에서 벗어난 사업자일수록 더욱 그러할 것입니다. 통렬한 반성의 시간이 끝나면 이제 무엇을 해야 할지 그림을 그릴 수 있게 됩니다. 저자의 친절한 예시 덕분에 어렵지 않게 접근할 수 있습니다. 다음 단계에서는 아마도 '자신감', 아니 '용기'를 갖게 되지 않을까 합니다. 브랜드의 진정성에 설득되는 첫 번째 대상자는 바로 자기 자신일 테니까요.

어떤 스포츠 종목이든, 스피드와 정확성을 위해서는 몸에서 '힘을 빼라'고 말합니다. 이 책《팬을 만드는 마케팅》을 읽으면서 같은 느낌을 받았습니다. 브랜딩에 대한 이야기를 하면서 전문가처럼 어깨에 힘을 잔뜩 주는 대신, 우리와 같은 사업자 포지션에서 본인의 경험을 예로 들어 담담하게 풀어가기에 더욱 공감이 큽니다. 팬을 만드는 방법을 성실하게 실천하는 저자를 보며, 제가 왜 저자의 팬이 되었는지 새삼 느끼게 되었습니다.

_ 신용성, (주)아이보스 대표

몇 번에 걸쳐 저자의 브랜딩 강의를 들어본 경험이 있습니다. 재미있는 입담과 외모(?)로 긴 강의시간이 전혀 지루하지 않았습니다. 다만 강의다 보니 한 번에 하나씩만 머리에 담아갈 수 있어서 아쉬움이 컸습니다. 그런데 이번에 그의 브랜딩 강의가 한 권의 책에 담겼습니다. 추천사를 쓰기 위해 저자가 보내온 책의 원고도 두껍지 않아 지루하지 않게 한 번에 읽을 수 있었습니다. 웃음기를 싹 뺀 담백한 내용이었지만 챕터마다 생각을 정리할 수 있는 기회가 되었습니다. 막연하고 뜬구름 잡는 강의만 하는 강사의 책이 아니라 실전에서 고민하고 피 터지게 노력한 결과를 그대로 한 자 한 자 눌러쓴 글입니다. 브랜딩에 대해 알고 싶다면 꼭 읽어보길 바랍니다.

_ 이동윤, 윤들닷컴 대표

제 딸이 마케터가 되었으면 좋겠습니다

와이프가 막내딸에게 커서 어떤 사람이 되고 싶은지 장래 희망을 물어본 영상이 있습니다. 다행히, 혹은 놀랍게도, 딸의 대답은 마케터였습니다. 마케터가 무슨 일을 하는지 정확히 모르는 어린 딸이지만, 아빠가 하는 일이 나빠 보이진 않았나 봅니다.

　네, 저는 마케팅과 브랜딩 업무를 맡고 있고, 제가 하는 일을 참 좋아합니다. 일과 관련해 두 가지 바람이 있는데요. 하나는 위에서 말했듯 두 딸이 마케터가 되었으면 좋겠다는 것이고, 다른 하나는 제가 만든 브랜드가 오래오래 사랑받는 것입니다. 코카콜라나 새우깡처럼 오래도록 우리 기억에 남는 브랜드가 되면 좋겠습니다.

제 일을 좀 더 구체적으로 말하면, 부산에서 '와이씨 컬리지 YC College'라는 성인 영어회화 전문학원과 '와이씨 컬리지 주니어 YC College Junior'라는 초등학생 영어회화 전문학원, 닭도리탕 전문점 오쓰 식당의 브랜딩을 맡고 있습니다. 처음에는 주로 마케팅을 담당하다, 제가 만든 브랜드를 우리 아이들이 계속 유지해주기를 바라면서 브랜딩에도 관심을 갖게 되었습니다.

회사에서 브랜딩을 담당하고 여러 곳에서 브랜딩과 관련된 강연을 하면서 이 책의 제목을《팬을 만드는 마케팅》이라고 지은 이유는, 어떻게 해야 마케팅을 잘할 수 있을지 고민하면서 브랜딩을 시작했기 때문입니다. 우리 브랜드를 만들어가는 과정에서 오래가는 브랜드가 되려면 저희만의 팬이 필요하다는 사실을 깨달았습니다. '팬을 만드는 마케팅'이란 어쩌면 제가 내린 브랜딩의 또 다른 정의라 할 수도 있겠습니다.

처음부터 '팬'을 떠올린 건 아니었습니다. 세상은 끊임없이 변하고 있습니다. 우리 삶도 변하고, 마케팅이나 브랜딩을 하는 사람들도 당연히 그에 맞춰 바뀌어야 합니다. 그렇지 않으면 고객이 원하는 브랜드를 만들 수 없을 테니까요. 저희 딸이 어렸을 때에는 어느 백화점을 가도 유모차를 무상으로 빌려줬습니다. 휴대폰 충전이 필요하면 백화점에서 보조 배터리를 빌려줍니다. 분명 필요하고 고마운 서비스지만 더는 특별하게 느껴지지 않습니다. 모두 당연하게 여길 뿐입니다. 한때는 많은 브랜드가 차별화를 통해 시장에서 존재감을 드러냈습니다. 하지만 차별화 역시 소수가 내세울 때 의미 있는 것이지, 모두가 차별화에 뛰어들면 그것만으로 시장에서 지위를 유지하기가 어렵습니다. 이제 거의 모든 브랜드는 차별화 전략을 기본으로 '고객중심'을 이야기합니다. 고객중심도 차별화와 마찬가지로, 모든 브랜드가 '고객'을 외치는 세상에서는 고객중심만으로 소비자들의 선택을 얻기 어려워집니다. 발빠른 브랜드는 이제 고객중심에서 '고객을 팬으로 만드는 전략'으로 돌아서고 있습니다.

브랜드 차별화 → 고객중심 브랜드 → 팬덤을 가진 브랜드

《내 운명은 고객이 결정한다》 저자인 박종윤 대표는 고객과 팬에 대해 다음과 같이 정의합니다.

"내 제품이나 서비스를 구매하는 사람은 '고객'입니다. 하지만 자주 구매하는 사람들은 '단골'이라고 표현합니다. '팬'이라는 사람은 우리가 무엇을 팔아도 사주는 고객들을 일컫습니다. 이제 브랜드가 필요한 사람들은 단순한 고객이 아니라 '팬'이 필요합

니다."

저 역시 우리만의 팬을 만들어야겠다고, 그만큼 좋은 브랜드가 되어야겠다고 결심했지만, 어디서부터 어떻게 시작해야 할지 막막했습니다. 아마 이 책을 읽는 분들도 같은 고민을 하고 있지 않을까요? 브랜딩과 관련된 훌륭한 책들이 이미 많이 출간되었고, 저 역시 그런 책들로부터 많은 도움을 받았지만, 정작 바로 시작하는 데 도움이 되는 책은 많지 않았습니다. 따라서 이 책에서는 지금 브랜딩을 시작하는 법을 쓰는 데 주력했습니다. 이론보다는 경험을, 정답보다는 시도를 전하고자 했습니다.

저는 누구나 알 만한 글로벌 기업에서 일한 마케터가 아닙니다. 저희 회사가 수백억 매출을 올리는 규모의 브랜드도 아닙니다. 하지만 감사하게도 와이씨 컬리지와 오쓰 식당은 팬클럽이 있습니다. 코로나19라는 위기에서도 경쟁사 대비 꾸준한 매출을 유지하고 있을뿐더러, 다들 어렵다는 시기에도 새롭게 브랜드를 론칭해 지속적으로 성장하고 있습니다. 전부 '팬이 있는 브랜드'가 되기 위해 치열하게 노력한 결과입니다.

저는 이 책을 통해 어떻게 부산의 작은 영어학원과 작은 식당이 팬클럽을 갖게 되었는지, 우리만의 팬을 만들어가는 과정에 대해 이야기하려 합니다. 이 책에서만 들을 수 있는 작은 회사의 브랜딩입니다. 누구나 덮어놓고 인정할 만한 큰 성공을 거둔 브랜드의 팬클럽은 아니지만, 오히려 그렇기에 더욱더 의미가 있다고 생각합니다. 브랜딩은 큰 회사만 할 수 있는 것이 아니라, 저희처럼 작은 회사도 언제든 할 수 있고 잘할 수 있다는 증거일 테니까요. 이 책을 읽은 분들이 '브랜딩, 별거 아니네. 그냥 해보면 되는 거잖아'라고 느끼신다면, 제가 책을 쓴 목표는 다 이룬 셈입니다. 아, 한 가지 목표가 더 있네요. 저의 작은(?) 시도와 성공을 담은 이 책을 응원해주는 팬들이 아주 많이 생기면 좋겠습니다.

문영호

1장

팬을 만드는 브랜드가 되려면

"고객에게 삶의 방식을 제안하려면 시선이 달라진다. 내가 무엇을 어떻게 팔아야 할지가 아니라, 고객들이 내 제품을 어떻게 쓰면 더 의미 있고, 가치 있을지를 고민하게 된다."

우리 브랜드에 맞는 브랜딩을 정의하다

브랜딩을 하기로 마음먹고 가장 먼저 한 일은 브랜딩이 과연 무엇인지 아는 것이었습니다. 포털 사이트에서 '브랜딩'이라는 단어를 검색해보니 엄청나게 다양하고 많은 뜻이 있었습니다. 우선 브랜딩을 주제로 한 유명 강의를 찾아서 온·오프라인 가리지 않고 부지런히 들었습니다. 저보다 훨씬 대단한 분들이 각자의 정의를 내리고 있었습니다. 브랜딩에 관한 지식이 많지 않은 상황에서 어떤 정의가 맞는지 판단할 수 없었기에, 우선 브랜딩에 대한 책을 읽기로 했습니다. 어느 정도 알아야 브랜딩을 이해할 수 있다고 생각했기 때문입니다.

　브랜딩에 대한 고민을 시작한 건 아주 현실적인 이유였습니다. 몇 년 전 부산에 영어학원 와이씨 컬리지를 열었습니다. 누구나 새로운 일을 시작할 때면 온갖 멋진 상상을 합니다. 저 또한 다르지 않았습니다. 학생들이 우리 학원에 물밀듯이 몰려올 거라고 당연히 예상, 아니 확신했습니다. 다른 유명 어학원처럼 수강하기 위해 새벽부터 줄을 서서 기다릴 거라는 즐거운 기대감이 부풀어 올랐습니다. 현실은 달랐습니다. 많은 분들이 공감하시겠지만 세상 일의 대부분은 기대대로 혹은 예상대로 흘러가지 않으니까요.

이 단계가 되면 누구나 '마케팅'을 해야겠다고 마음먹습니다. 마케팅이 무엇인지 정확히는 모릅니다. 일단 마케팅은 '무언가를 알리는 일'이라고 생각합니다. 우리 제품은 좋으니 더 많이 알리기만 하면 더 많은 사람들의 선택을 받을 거라 확신합니다. 저 역시 같은 생각을 했습니다. 광고만 하면 수강생들이 몰려들 거라 자신했기에, '경성대 영어회화'나 '부산 영어회화'를 검색하면 우리 학원이 가장 먼저 상단에 노출될 수 있도록 네이버 광고를 설정했습니다. 갑자기 학생들이 많이 오면 어쩌나 슬쩍 걱정도 했습니다. 네이버에서 '부산 영어회화'를 검색하면 와이씨 컬리지가 맨 위에 노출되는 걸 볼 때마다 신이 났습니다.

정말 신기한 건, 가장 먼저 노출되는데도 사람들은 제 예상처럼 와이씨 컬리지를 많이 클릭하지 않는다는 사실이었습니다. 나중에 알게 된 사실이지만, 소비자들은 항상 새로운 것을 원하는 듯 보여도 실제로는 익숙한 브랜드를 더 신뢰하고 택하는 확률이 높다고 합니다. 아직도 코카콜라를 마시고 신라면을 먹는 사람들이 많은 것을 보면 수긍이 갑니다. 당연하게도 영어학원을 선택하는 소비자들은 태어나서 처음 들어보는 브랜드인 와이씨 컬리지에 관심을 주지 않았습니다.

일이 예상대로 되지 않고 결과가 좋지 않으니 조바심이 나기 시작했습니다. 무언가 잘못하는 건 아닌가 싶어 '마케팅을 제대로 알아보자'는 결심 비슷한 선택을 했습니다. 기회가 되는 대로 마케팅 강의를 들으러 다녔고, 수많은 책을 읽었습니다. 일단 많은 전문가들이 말한 마케팅은 단순한 홍보가 아니었습니다. 누구는 관계를 만들어가는 것이라 했고, 어떤 분은 매출을 높이는 기술이라 했습니다. 네이버에서 마케팅의 정의를 검색하면, 끝도 없이 다양한 내용이 나왔습니다. 어떤 것을 마케팅이라고 정의하기가 어려워졌습니다. 분명 수학문제를 풀고 있는데 정답이 1개가 아닌 5개가 나온 상황이랄까요. 그래서 내린 결론이 우리만의, 와이씨 컬리지만의 마케팅을 정의하자는 것이었습니다.

와이씨 컬리지가 생각하는 마케팅 : 선한 의지를 가지고, 고객의 문제를 해결해서, 우리를 알리는 일.

선한 의지를 가지고.

마케팅을 공부하다 보면 어떻게 소비자들이 의사결정을 하는지, 어떤 심리적인 이유로 브랜드를 택하는지 알게 됩니다. 선한 의지를 가지라는 표현은 스스로에게 하는 말이기도 하지만 우리 마케팅팀 팀원들에게 하는 말이기도 합니다. 이 말은 마케팅을 공부해서 고객에게 필요하지도 않은 제품을 팔지 않으려는 마음입니다. 선한 의지를 가져야만 고객들이 진짜 필요한 제품을 구매하게 만들 수 있습니다. 선한 의지를 가져야만 환경을 파괴하는 제품이나 사회에 좋지 않은 영향을 미치는 제품을 판매하지 않을 수 있습니다. 마케팅을 하면서 선한 의지를 갖는 것은 대단히 중요하다고 생각합니다.

고객의 문제를 해결해서.

마케팅에서 핵심은 이 부분이 아닐까요? 마케팅팀은 단순히 매출 증대만을 이끌어내는 부서는 아닙니다. 물론 매출을 높이는 건 중요합니다. 하지만 그전에 우리 제품/서비스를 통해 고객의 문제를 해결해주어야만, 자연스럽게 매출 증대로 이어질 수 있습니다. 앞의 선한 의지와도 연결되는 대목입니다.

'달러 쉐이브 클럽'이라는 면도날 구독 서비스를 하는 회사가 있는데요. 유니레버에 1조 원이 넘는 금액에 매각되어 주목받은 회사이기도 합니다. 이 회사는 매번 면도날을 사러 가야 하는 '고객의 문제'를 해결하기 위해 정해진 날짜에 정해진 면도날을 배송하는 서비스를 제공했습니다. 결국 터무니없이 비싼 면도날을 번거롭게 사야 하는 '고객의 문제'를 해결했습니다. 또한 광고비를 줄이고 합리적인 가격으로 비교적 좋은 면도날을 제공하는 선순환을 만들어냈습니다.

저희 와이씨 컬리지 마케팅팀(a.k.a 고객경험만족팀)이 가장 크게 고민하는 것도, 어떻게 해야 수강생의 영어실력을 빨리 늘릴 수 있을지, 즉 고객이 영어 때문에 느끼는 문제를 해결해주는 일입니다.

우리를 알리는 일.

마케팅 강의를 하다 보니 자연히 사업하는 분들과 이야기할 기회가 많습니다. 안타깝게도 아직도, 여전히 많은 분들이 우리 제품이나 서비스는 좋으니 저절로 입소문이 날 거고 소비자들이 알아서 구매해줄 거라 믿습니다. 아주 틀린 말은 아닙니다. 하지만 많은 고객들에게 '알리는' 일 역시 마케팅팀이 반드시 해야 하는 업무라 생각합니다. 가만히 있는데 알아주는 일은 현실에서 일어나지 않으니까요.

제가 사는 곳은 부산의 대학가와 인접해 있습니다. 식당이 많은 곳이라 가족이나 지인들과 종종 밥을 먹으러 갑니다. 우연히 멋진 식당을 발견하면 즐거운 시간을 보내고 옵니다. 그런데 속상하게도, 몇 달 후에 가보면 이렇게 찾아낸 가게가 사라지는 경우가 종종 있습니다. 음식도 맛있고 사장님의 서비스도 친절했는데 왜 없어졌을까요? 여러 이유가 있겠지만 공통점은 많은 사람들이 그 식당의 존재를 알지 못했기 때문입니다. 돈이 많아서, 여유자금이 많아서 시작한 가게라면 아주 열심히 알릴 필요는 없습니다. 언젠가는 맛있는 음식과 친절한 서비스가 사람들에게 소문날 테니까요. 하지만 대부분의 식당이 매우 여유 있는 상황에서 시작하진 않습니다. 식당은 맛있는 음식도 제공하고, 우리 가게를 알리는 일도 해야 합니다.

비단 식당만이 아닙니다. 우리 브랜드나 서비스를 적극적으로 알리는 것이 마케팅팀에서 해야 할 일입니다. 나중에 다시 이야기하겠지만, 보고 듣는 정보가 넘쳐나는 시대에, 우리 브랜드를 한

번 듣고 오래오래 기억해주는 고객을 만나기란 아주 확률이 낮은 일입니다.

와이씨 컬리지 마케팅팀도 우리를 알리기 위해 무척 애를 씁니다. 인스타그램에 꾸준히 우리 이야기를 올리고 네이버 블로그도 지속적으로 쓰고 있습니다. 앞에서 네이버 키워드광고 영역 최상단에 우리 학원이 노출되어도 클릭이 일어나지 않았다고 했는데요. 페이스북이나 블로그를 통해 꾸준히 타깃 고객에게 우리 브랜드를 알리기 시작했더니 클릭율도 높아지기 시작했습니다. 어디선가 한 번쯤은 들어본 브랜드가 되었기 때문입니다.

이렇게 마케팅을 정의하고 당시는 많지 않았던 조직 구성원들과 이를 공유하면서 학원은 조금씩 성장하기 시작했습니다. 약 20명의 수강생으로 출발한 학원이 400명 가까운 규모로 성장했으니 결코 작은 성과는 아니라 생각합니다. 부산 대연동에서 시작된 영어학원은 2호점인 부산 서면점까지 열게 되었고요. 매출을 높이고자 시작했던 마케팅 공부는 목표했던 것보다 좋은 결과를 낳았습니다.

브랜딩을 공부하게 된 이유는 오래가는 브랜드가 되기 위해서였습니다. 우리 아이들이 와이씨 컬리지의 브랜드 마케터로 일하려면, 20년 후에도 저희 브랜드가 존재해야 할 테니까요. 브랜딩을 공부한 과정도 마케팅과 크게 다르지 않았습니다. 부지런히 강의를 듣고 열심히 책을 읽었습니다. 이를 거쳐 제가 내린 브랜딩의 정의는 '고객의 신뢰를 얻어서 팬을 만든다'입니다. 물론 이 정의가 정답은 아닙니다. 하지만 저희 브랜드인 와이씨 컬리지와 오쓰 식당에 가장 적합한 정의입니다.

우리 브랜드만의 브랜딩을 정의해야 하는 이유가 또 있습니다. 조직은 '하나의 목표'를 가지고 조직 구성원들이 최선을 다해 일하는 곳입니다. 각자가 다른 목표를 바라보며 일한다면 원하는 결과를 얻기 어렵습니다.

"아침에 9시까지 출근하세요"라고 하면 다들 9시까지 출근합니다. "점심시간은 1시간입니다"라고 하면 모두 점심을 1시간 안에 먹고 돌아옵니다. 하지만 "브랜딩을 잘합시다"라고 하면 여기서 문제가 생깁니다. 아침 9시나 점심시간 1시간은 정확한, 객관적 지표입니다. 하지만 브랜딩에 관한 정의는 주관적이라 다들 각자의 생각으로 일하게 됩니다.

마침 좋은 기회가 주어져서 부산의 몇몇 회사를 모아서 브랜딩 워크숍을 한 적이 있습니다. 그때 브랜딩을 무엇이라 생각하는지 물어보는 시간이 있었는데 대표와 팀장, 막내가 각기 다른 대답을 하는 걸 본 적이 있습니다. 조직 구성원들이 브랜딩에 대해 서로 다른 정의를 갖고 있는데, 브랜딩이 잘될 리 없습니다.

브랜딩을 잘하고 싶다면, 먼저 우리 브랜드가 생각하는 브랜딩이 무엇인지 정의해보기를 권합니다. 정답을 찾으라는 것이 아닙니다. 우리 브랜드에 가장 적합한 정의를 찾아보는 것이 시작입니다. 혹시 브랜딩을 정의하는 게 어렵다면, 저희 와이씨 컬리지의 브랜딩 정의를 먼저 적용해보다가 자신만의 정의를 찾는 것도 하나의 방법일 수 있습니다.

그런 의미에서 와이씨 컬리지의 브랜딩을 어떻게 정의했는지, 그 과정을 좀 더 자세히 설명하고자 합니다. 저희는 우선 소비자가 좋아하는 브랜드가 되면 얻는 이점을 정리해보았습니다.

1. 소비자가 구매를 고민할 때 제품 카테고리에서 가장 먼저 떠올립니다.
2. 조금 더 비싸도 구매를 합니다.
3. 소비자가 자발적으로 입소문을 내줍니다.
4. 작은 실수는 용서해줍니다.
5. 능력 있는 인재를 확보하기 쉽습니다.
6. 우리 브랜드의 팬을 얻을 수 있습니다.

대체로 쉽게 이해될 겁니다. 혹시 4번이 무슨 의미인지 애매하게 느끼는 분들을 위해 좀 더 설명하면, 사람은 누구나 실수를 합니다. 브랜드도 마찬가지입니다. 제품상의 실수든, 고객응대의 실수든 일어날 수밖에 없고, 때로는 소비자들의 공분을 사는 일이 생기기도 합니다. 물론 실수가 생기지 않도록 최선을 다하는 것이 가장 중요합니다. 그럼에도 좋지 않은 일이 벌어졌을 때, 브랜딩의 여부와 정도에 따라 결과가 달라집니다. 브랜딩이 잘된 브랜드라면 고객들이 한두 번의 실수는 용서를 해줍니다. 너그럽게(?) 넘어가주는 것이죠. 하지만 브랜딩이 잘되어 있지 않은 브랜드는 단 한 번의 실수로 시장에서 사라질 수도 있습니다. 우리를 믿어주는 팬이 없으니까요.

1번에서 6번까지의 이점을 얻기 위해 필요한 단 한 가지가, 바로 브랜드에 대한 고객의 신뢰입니다. 브랜딩을 정의할 때 '고객의 신뢰를 얻어서'라는 내용을 넣은 것도 이 때문입니다.

앞서 언급한 것처럼 이제 브랜드는 자기만의 팬을 만드는 것이 매우 중요해졌습니다. 브랜드 팬, 브랜드 팬덤 같은 용어가 최근 들어 부쩍 자주 보이는 것도 이 때문입니다. 예전의 브랜드가 제품이나 서비스 중심이었다면 이제 브랜드는 고객중심으로 옮겨가고 있습니다. 그것도 단순한 고객이 아니라 우리 브랜드를 정말 사랑하고 아끼는 팬이 중요해졌습니다. 브랜드에 팬이 있으면 어떤 장점이 있을지 또 정리해보았습니다.

1. 브랜드에 어려움이 생겼을 때 해결할 수 있는 중요한 역할을 한다.
2. 사업의 방향성을 제시한다.
3. 광고 지출을 줄여준다.

브랜드에 어려움이 생겼을 때 소위 '해결'해줄 수 있는 건 팬입니다. 어려운 상황일수록 팬의 위력은 빛을 발합니다. 코로나19로 많은 사업체들이 큰 타격을 입었다는 것을 아실 겁니다. 그중에서도 집합 금지나 영업시간 제한을 받은 외식업의 경우는 더욱더 어려움이 컸습니다. 하지만 그 와중에도 매출 기록을 경신하는 식당이 있었습니다. 안양에 있는 팔덕식당이라는 곳인데, 이 식당은 '팔덕후'라는 팬클럽을 운영합니다. 이 팬클럽은 팔덕식당이라는 브랜드를 좋아하는 250명의 팬들이 단체 채팅방에 참여하는 형태로 이루어집니다. 같은 식당을 좋아한다는 이유만으로 채팅방 참여라니, 아주 강력한 팬덤이죠. 이 식당의 팬들은 코로나19로 식당을 방문하기가 꺼려지는 상황에서도, 기꺼이 와서 음식을 포장해갔습니다. 자의건 타의건 브랜드에는 예상치 못한 일이 생기기 마련이고, 이때 우리 브랜드를 아끼는 팬들이 있다면 어려움을 해결하는 데 도움을 받을 수 있습니다.

사업의 방향성을 제시하는 것도 팬입니다. 사업하는 사람들은 각자의 목표를 가지고 있습니다. 매출, 순이익, 앱 다운로드 수 등 제각기 원하는 목표가 다릅니다. 하지만 공통점은, 결국 고객을 통해 그 목표를 이룰 수 있다는 겁니다. 매출을 높이려면 더 많은 고객이 구매해주어야 합니다. 순이익을 높이기 위해서는 약간 비싸더라도 기꺼이 사줄 수 있는 고객이 필요합니다. 앱 다운로드 수를 높이려 해도 고객들이 관심을 갖고 다운을 받아야 합니다. 결국 사업은 고객이 없으면 성장하기 힘듭니다.

따라서 브랜드가 팬을 얻고자 한다면 사업의 방향성을 정하는데 유리해집니다. 팬을 얻기 위해서는 고객만족이 최우선이 되어야 하니까요. 이런 노력은 조직 내의 사업 방향을 고객중심으로 바꾸어 줍니다. 당연히 고객에게 잘하는 회사는 더 빨리, 더 크게 성장할 수밖에 없습니다. 와이씨 컬리지도 이런 체질 변화를 경험했습니다. 예전에는 매출을 높이는 데에만 초점을 맞췄더니, 조직 구성원들이 모두 매출 향상에만 집중했습니다. 물론 나쁜 것만은 아닙니다. 하지만 매출 향상을 위해 고객을 소중히 여기기 시작하니, 어떻게 하면 고객에게 더 큰 만족을 줄지를 고민하게 되었습니다. 이러한 고민은 당연히 우리 브랜드의 팬을 만드는 결실로 이어졌습니다.

광고 이야기를 하지 않을 수 없습니다. 인터넷이 생긴 후 온라인 광고 시장은 계속 성장해왔습니다. 일단 규모가 커졌고 경쟁사도 많이 뛰어들었습니다. 회사 입장에서 지출을 점검해보면 광고비가 적지 않은 비중을 차지합니다. 온라인 광고에 들어가는 비용은 꾸준히 증가하고, 이전에 쓰던 규모로는 더 이상 같은 결과를 얻기가 힘들어졌습니다. 제 경우 페이스북 광고가 처음 나왔을 때부터 꾸준히 이용하고 있는데, 10여 년이 지난 지금 그때보다 광고비는 훨씬 더 올랐습니다. 유기도달률은 시원치 않은데 말이죠.

이때 브랜드 팬은 어느 정도 광고비 지출을 줄여주는 역할을 합니다. 꾸준히 우리 브랜드를 선택할 뿐 아니라 자발적으로 지인들에게 입소문도 내주니까요. 이렇게 줄인 광고비로 우리 팬들에게 더 투자하게 되면 브랜드는 더 많은 팬을 얻을 수 있습니다.

와이씨 컬리지의 브랜딩 정의 : 고객의 신뢰를 얻어서 팬을 만든다.
여러분의 브랜드에 적합한 브랜딩 정의는 무엇인가요?

_____

_____

_____

_____

_____

_____

팬을 만드는 브랜드 서클

우리 브랜드에 맞는 브랜딩을 정의하긴 했는데 막상 해보려니 무엇부터 어떻게 시작해야 할지 막막했습니다. 이 책을 읽는 분들도 아마 비슷한 고민을 해보셨을 겁니다. 브랜딩이 중요한 건 알겠고 해야 하는 것도 알겠는데, 그래서 어떻게 해야 할지가 어려운 거죠.

집을 잘 지으려면 설계도가 필요합니다. 사람에 따라 차이는 있겠지만 여행을 갈 때도 계획표가 있으면 좀 더 촘촘한 경험을 할 수 있습니다. 마찬가지로 브랜딩을 하기 위해서도 설계도나 계획표 같은 게 필요했습니다. 이것저것 찾아보는 과정에서 전문가들이 만든 브랜딩 맵이나 서클 등을 발견했지만, 바로 사용하려니 문제가 있었습니다. '고객의 신뢰를 얻어서 팬을 만든다'는 우리 브랜딩 정의를 실현하기엔 조금 맞지 않는 옷 같았습니다.

그래서 저희끼리 머리를 맞대고 직접 설계도를 그려보기로 했습니다. 먼저 우선 저희가 내린 브랜딩의 정의를 기반으로 가장 필수적인 요소를 추렸습니다. 그랬더니 팬, 스토리 그리고 인터널 브랜딩이라는 3가지 요소를 도출할 수 있었습니다. 팬의 중요성에 대해서는 앞에서도 이야기했습니다. 우리 팬에게 우리 브랜드를 알리려면, 우리만의 스토리를 진정성 있으면서도 효과적으로 전할 수 있어야 합니다. 고객의 마음을 움직이는 것은 그 브랜드만이 들려줄 수 있는 스토리입니다. 또한 조직 구성원, 즉 우리 직원을 우리 브랜드의 팬으로 만들지 못한다면 결코 고객의 마음을 얻을 수도 없습니다.

따라서 이 3가지를 중심으로 '팬을 만드는 브랜드 서클'을 만들어보았습니다. 물론 이는 브랜딩을 위한 최소한의 것으로 당연히 더 많은 부분들이 고려되어야 하겠지만, 기본적인 부분을 먼저 매듭짓고 확장해 나간다는 관점에서 만들어보았습니다.

이 책을 읽는 분들이 단순히 브랜딩에 관한 저의 생각에 공감하는 게 아니라, 이 책을 보면서 자기 브랜드를 위한 브랜딩의 기본 요소를 직접 고민하고 만들어보면 좋겠습니다. 다음 페이지의 그림은 '와이씨 컬리지 브랜드 서클'입니다. 이걸 예시로 삼아 하나씩 함께 채워나가면 좋겠습니다.

팬을 만드는 브랜드 서클

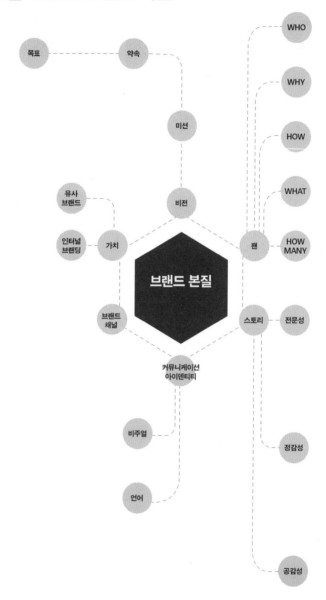

목표 — 약속

미션

WHO

WHY

HOW

유사 브랜드 — 비전

WHAT

인터널 브랜딩 — 가치

HOW MANY

팬

브랜드 본질

브랜드 채널

스토리 — 전문성

커뮤니케이션 아이덴티티

비주얼

정감성

언어

공감성

팬을 만드는 브랜드 서클

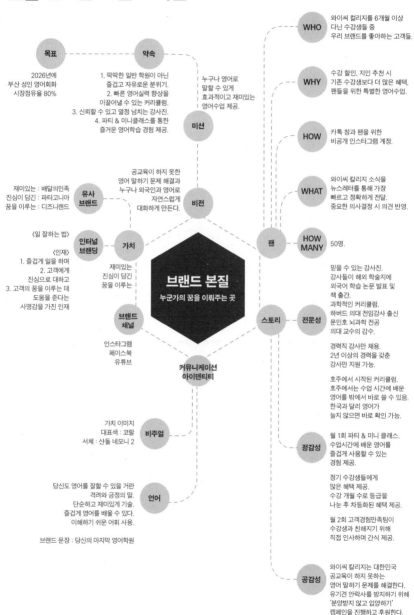

WHO
와이씨 컬리지를 6개월 이상
다닌 수강생들 중
우리 브랜드를 좋아하는 고객들.

WHY
수강 할인, 지인 추천 시
기존 수강생보다 더 많은 혜택,
팬들을 위한 특별한 영어수업.

HOW
카톡 창과 팬을 위한
비공개 인스타그램 계정.

WHAT
와이씨 컬리지 소식을
뉴스레터를 통해 가장
빠르고 정확하게 전달.
중요한 의사결정 시 의견 반영.

HOW MANY
50명.

목표
2026년에
부산 성인 영어회화
시장점유율 80%

약속
1. 딱딱한 일반 학원이 아닌
즐겁고 자유로운 분위기.
2. 빠른 영어실력 향상을
이끌어낼 수 있는 커리큘럼.
3. 신뢰할 수 있고 열정 넘치는 강사진.
4. 파티 & 미니클래스를 통한
즐거운 영어학습 경험 제공.

미션
누구나 영어로
말할 수 있게
효과적이고 재미있는
영어수업 제공.

비전
공교육이 하지 못한
영어 말하기 문제 해결과
누구나 외국인과 영어로
자연스럽게
대화하게 만든다.

**유사
브랜드**
재미있는 : 배달의민족
진심이 담긴 : 파타고니아
꿈을 이루는 : 디즈니랜드

**인터널
브랜딩**
〈일 잘하는 법〉

〈인재〉
1. 즐겁게 일을 하며
2. 고객에게
진심으로 대하고
3. 고객의 꿈을 이루는 데
도움을 준다는
사명감을 가진 인재

가치
재미있는
진심이 담긴
꿈을 이루는

브랜드 본질
누군가의 꿈을 이뤄주는 곳

팬

스토리

전문성
믿을 수 있는 강사진.
강사들이 해외 학술지에
외국어 학습 논문 발표 및
책 출간.
과학적인 커리큘럼.
하버드 의대 전임강사 출신
문미호 뇌과학 전공
의대 교수의 감수.

경력직 강사만 채용.
2년 이상의 경력을 갖춘
강사만 지원 가능.

호주에서 시작된 커리큘럼.
호주에서는 수업 시간에 배운
영어를 밖에서 바로 쓸 수 있음.
한국과 달리 영어가
늘지 않으면 바로 확인 가능.

**브랜드
채널**
인스타그램
페이스북
유튜브

**커뮤니케이션
아이덴티티**

정감성
월 1회 파티 & 미니 클래스.
수업시간에 배운 영어를
즐겁게 사용할 수 있는
경험 제공.

정기 수강생들에게
많은 혜택 제공.
수강 개월 수로 등급을
나눈 후 차등화된 혜택 제공.

월 2회 고객경험만족팀이
수강생과 친해지기 위해
직접 인사하며 간식 제공.

비주얼
가치 이미지
대표색 : 코랄
서체 : 산돌 네모니 2

언어
당신도 영어를 잘할 수 있을 거란
격려와 긍정의 말.
단순하고 재미있게 기술.
즐겁게 영어를 배울 수 있다.
이해하기 쉬운 어휘 사용.

브랜드 문장 : 당신의 마지막 영어학원

공감성
와이씨 칼리지는 대한민국
공교육이 하지 못하는
영어 말하기 문제를 해결한다.
유기견 안락사를 방지하기 위해
'분양받지 않고 입양하기'
캠페인을 진행하고 후원한다.

우리 브랜드는 무슨 일을 하는 곳인가
: 업의 본질

앞에서 저희가 내린 브랜딩의 정의를 이야기했습니다. 고객의 신뢰를 얻어서 팬을 만든다고 했죠. 여기서 생각해볼 포인트가 있습니다. 어떻게 고객의 신뢰를 얻어야 할까요? 저희 학원에 다닌 덕분에 토익점수가 오르고, 회화실력이 늘었다? 영어를 잘 가르쳐서 수강생들의 믿음을 사는 것도 좋은 방법이겠지만, 저희 학원에 오는 분들 중 영어실력만 필요해서 오는 분들은 거의 없습니다. 와이씨 컬리지는 분명 영어학원이고 영어교육 서비스업이지만, 저희가 하는 일은 따로 있습니다. 영어학원에 등록하는 분들 중 말 그대로 영어가 최종 목적인 분들은 없고, 영어를 통해 유학, 이민, 해외취업, 어학연수처럼 본인의 꿈을 이루기 위해 오는 분들이 대부분입니다. 따라서 저희가 진짜 하는 일은 '누군가의 꿈을 이뤄주는 일'이라 생각합니다.

이렇게 저희가 하는 일에 대해 이야기할 때, 보통 '업의 본질'이라는 단어를 씁니다. 내가 진짜 하는 일이 무엇인지를 정의하는 겁니다. 브랜딩을 하기 위해 가장 먼저 해야 할 일은 내가 '고객들에게 진짜 제공하는 것'이 무엇인지 아는 것입니다.

화장품 파는 회사의 업은 당연히 화장품 판매업입니다. 하지만 진짜 무엇을 파는지 좀 더 고민해 보면 고객들이 원하는 것을 간파할 수 있습니다. 좋은 화장품, 나에게 맞는 화장품을 써서 피부가 좋아진 고객은 자존감이 높아질 수 있습니다. 좋지 않은 피부 때문에 스트레스를 받아서 사람들과 만나는 일이 망설여졌는데, 좋은 화장품을 통해 피부가 좋아진다면 남들 앞에 나서는 데 자신감이 생길 수 있습니다. 그러면 이 회사는 단순히 화장품을 파는 게 아니라 '누군가의 자존감'을 높여주는 일을 하는 것입니다.

저는 부산에서 지인들과 닭도리탕 전문점인 오쓰 식당을 운영하고 있습니다. 이 식당을 시작하기 전에도 똑같은 고민을 했습니다. 우리 식당이 제공하는 것이 진짜 무엇인지에 관해서요. 고객들은 식당에 음식을 먹으러 옵니다. 하지만 맛있는 음식을 먹는 게 목적이라면 배달로 주문해 먹어도 아무런 문제가 없습니다. 사람들이 식당에 오는 이유는 크게 두 가지입니다. 좋아하는 사람들과 행복한 시간을 보내려고 오거나 기분 안 좋은 일이 생겼을 때 친구나 지인을 만나 음식을 먹으며 스트레스를 풀기 위해서입니다. 오쓰 식당은 업의 본질을 '좋아하는 사람들과 갖는 행복한 시간 제공'으로 정했습니다.

업의 본질을 정의하게 되면 좋은 점이 있습니다. 우리가 하는 일에 대해, 조직 구성원들을 동기부여하는 데 큰 도움이 됩니다. 영어학원을 운영하면서 강사님들에게 "수업 잘해주세요"라고 당부하는 것과, "우린 수강생들의 꿈을 이뤄주는 일을 하고 있습니다. 그러니 수업을 잘해주세요"는 전혀 다른 표현이자 의미입니다. 화장품을 파는 회사도 조직 구성원들에게 "매출을 높이자"고 이야기하는 것보다 "더 많은 사람들의 자존감을 높여주자"라고 하는 것이 더 좋은 결과를 거둘 수 있겠지요. 물론 진심이 담겨야겠지만요.

감사하게도 다양한 회사의 요청으로 마케팅 강의를 할 기회가 제법 있습니다. 삼성전자를 비롯해 규모 있는 기업이나 작지만 내실 있는 조직에서 마케팅과 브랜딩을 주제로 강의하는 것이 저의 업무 중에서 어느덧 상당히 비중 있는 일이 되었습니다. 강의를 할 때마다 빼놓지 않고 하는 이야기가 바로 '업의 본질'에 대한 것입니다. 제 자신에게도 스스로 질문한 적이 있습니다.

"내가 하는 강의의 '업의 본질'은 무엇일까?"라고요.

제가 공부하고 생활했던 시드니에서 한국으로 돌아온 지 어느덧 7년이 다 되어 갑니다. 부끄러운 이야기지만 여러 가지 사정으로 매우 힘든 상황에서 가족과 귀국했습니다. 이제는 별다른 감정 없이 말할 수 있지만, 첫째 딸 유치원비를 낼 돈이 없어서 와이프와 다툰 기억이 있습니다. 그러던 제가 마케팅과 브랜딩을 공부하면서 와이씨 컬리지 2개 지점을 낼 만큼 성장했고, 와이씨 컬리지 주니어와 오쓰 식당까지 론칭해 순항 중입니다. 엄청난 성공을 거둔 것은 아니지만, 전보다 경제적으로 여유로워진 것은 사실입니다. 물론 돈이 많다고 반드시 행복한 건 아닙니다. 세계에서 가장 돈이 많다는 빌 게이츠도 와이프와 이혼하는 걸 보면, 행복에 경제적 여유가 전부인 건 아닌 게 분명합니다. 마찬가지로 돈이 없다고 반드시 불행한 것도 아닙니다. 필리핀에서도 2년 정도 거주한 적이 있는데요, 필리핀은 우리나라보다 GDP가 낮지만 행복도라는 면에서는 대한민국보다 순위가 더 높습니다.

물론 돈이 없으면 불편하긴 합니다. 더욱이 아이를 키우는 저의 입장에서는 불편한 상황을 더 자주 겪을 수밖에 없습니다. 한창 커가는 아이들은 사고 싶은 것도, 먹고 싶은 것도 편하게 이야기합니다. 여섯 살이었던 큰딸이 우리집 경제사정을 알 리 없습니다. 마트에 가면 사고 싶은 장난감을 손에 꼭 쥐고 놓지 않고, 슈퍼에 가면 먹고 싶은 과자를 가리키며 사달라고 조릅니다. 당연히 자녀교육상 사달라는 것을 다 사주는 것은 옳지 않지만, 사줄 형편이 안 되어서 못 사주는 것과 사줄 형편이 되는데 교육상 안 사주는 부모 마음은 다를 수밖에요.

처음 한국에 왔을 때보다 경제적으로 나아지고 나서 느낀 점은 '행복한 시간'이 조금 더 늘었다는 겁니다. 여전히 아이가 무언가를 사달라고 할 때 다 사주지는 않지만, 상황이 되지 않아서 못 사줘서 속상한 시간은 많이 줄었습니다. 여전히 와이프와 티격태격하지만 유치원비 때문에 싸우던 속상한 시간도 없어졌습니다.

저는 다른 분들의 마케팅이나 브랜딩 강의를 들으면서 제 브랜드를 성장시키는 경험을 했습니다. 저 역시 제 강의를 듣는 분들이 이러한 성장을 경험해보기를 원합니다. 저는 마케팅 강사이지만, 제 강의를 들은 누군가가 매출성장을 이루고, 팬을 모으고 브랜드를 만드는 '행복한 시간'을 늘려가기를 간절히 바랍니다. 그렇다면 제가 진짜 하는 일, 업의 본질은 누군가에게 행복할 시간을 가질 기회를 제공하는 것 아닐까요? 이 책의 본질 역시 마찬가지입니다. 이 책을 통해 여러분의 브랜드를 사랑해주는 팬들이 생기고 매출이 오른다면 분명 '행복한 시간'을 경험하게 될 겁니다.

업의 본질 : 여러분이 고객에게 진짜 제공하는 것은 무엇인가요?
우리 회사는 무슨 일을 하는 곳인가요?

_____

_____

_____

_____

_____

_____

고객의 어떤 문제를 해결할 것인가
: 브랜드 비전과 미션

우리 브랜드의 업의 본질을 밝혔다면 이제 브랜드 비전과 미션을 정할 차례입니다. 브랜드 비전과 미션에 관한 내용을 찾던 중,《스타트업 브랜딩의 기술》(앤 밀튼 버그 지음)에서 내린 정의가 마음에 쏙 들었습니다.

브랜드 비전: 어떤 문제를 해결해서 어떤 세상이 도래하길 원하는가?
브랜드 미션: 비전을 성취하기 위해 무슨 일을 해야 하는가?

먼저 비전을 정하기 전에 '문제 해결'에 관한 이야기를 해보겠습니다. 내가 팔고 싶은 제품이나 서비스를 내놓으면, 단순히 소비자 수요가 많아서 판매가 일어나던 시절이 있었습니다. 하지만 경쟁 제품이나 대체 상품이 많아지면서, 이제는 고객들의 문제를 해결하는 브랜드의 성공확률이 더 높아졌습니다.

요즘 브랜드는 고객의 문제 해결을 위해 노력합니다. 많은 사람들이 이용하는 토스를 봐도 시작은 문제 해결이었습니다. 기술이 발전해 달나라에도 갈 수 있는 세상인데 아직도 돈을 이체하기 위해 인증서를 써야 하는, 번거로운 수고를 해야 하는 고객들의 불편함을 해소해줬습니다.

부산에 미스터 멘션이라는 스타트업이 있습니다. 대부분의 숙박 플랫폼이 단기 여행에 초점을 맞춘 반면, 이 회사는 장기 숙박을 원하는 고객을 위한 정보를 제공합니다. 아이를 키우는 부모들 사이에 제주도 한 달 살기가 유행하면서 장기 숙박 정보가 필요해졌지만, 다양한 정보를 얻을 곳이 마땅히 없었습니다. 미스터 멘션의 정성준 대표는 장기 숙박을 원하는 고객들의 정보부족을 해결하기 위해 사업을 시작했습니다. 아울러 장기 숙박이 가능한 숙소 정보뿐 아니라 감귤 따기나 도자기 만들기 등의 다양한 체험 정보도 제공하고 있습니다. 심지어 크게 할인된 숙박 정보를 제공하는 터라 소비자의 만족도도 높습니다. 반대로 숙소를 운영하는 사업자들의 문제도 해결해줍니다. 단기 숙박 중심의 숙소는 성수기와 비성수기에 따라 숙박률이 크게 차이가 나지만, 장기 숙박의 경우는 대개 한 달 정도 머무르는 손님을 받기에 공실률 걱정이 적습니다. 당연히 보다 안정적인 수익을 제공하여 매일 방을 채워야 하는 사업자들의 고민을 해결해줍니다.

제조업체는 좋은 상품을 만들고 이를 알리는 데 많은 광고비를 쓸 수밖에 없습니다. 문제는 광고를 한다고 모두 좋은 효과를 거두는 게 아니라는 겁니다. 이 문제 해결에 나선 스타트업이 있습니다. 누적 투자금액 150억이 넘는, 소셜빈이라는 회사인데요. 제조업에서 출발한 소셜빈은 제조 역량을 바탕으로 제품을 검증하고, 인플루언서들은 직접 사용 후 만족할 경우에만 판매를 합니다. 이 회사는 모든 이해관계자의 만족을 추구합니다. 좋은 제품을 가진 제조업체 입장에서는 광고비 없이 판매 수수료만으로 제품을 판매, 홍보할 수 있고 인플루언서들은 진정성 있는 리뷰를 통해 판매 수수료를 받을 수 있습니다. 이런 문제 해결을 통해 소셜빈은 꾸준히 성장하고 있습니다.

와이씨 컬리지의 비전도 수강생들의 문제 해결로 시작했습니다. 우선은 공교육이 해결하지 못한 '영어 말하기'라는 문제에 주목했습니다. 이 문제를 해결해서 누구나 영어로 말할 수 있게 만드는 것을 비전으로 정했습니다. 아직 사업을 시작하기 전이라면, 일상에서 내가 불편하다고 느끼는 부분을 찾아보시길 권합니다. 어떤 문제를 해결하고 싶은지 고민하다 보면 앞에서 말한 것처럼 사람들에게 인정받는, 세상에 필요한 브랜드를 만들 수 있습니다. 설령 이미 브랜드를 가지고 있다 해도, 내가 지금 어떤 문제를 해결하고 있는지 진지하게 고민해보시면 좋겠습니다. 브랜드는 단순히 멋진 로고와 디자인으로 완성되는 게 아니라, 고객들이 가진 문제를 진심으로 해결해가는 과정에서 키울 수 있습니다.

비전을 정했다면 이를 성취하기 위해 어떤 일을 해야 하는지가 미션에 해당합니다. 와이씨 컬리지의 경우는 영어 말하기 문제를 해결하기 위해 효과적인 영어수업을 제공하는 것이 미션입니다. 본질적으로 우리가 가장 집중해야 하는 문제입니다. 페이스북 광고를 통해 우리를 알리는 것도 중요하지만, 양질의 영어수업을 제공하는 데 최선을 다해야 합니다.

'어떻게 하면 고객들이 가장 빨리 영어를 배울 수 있을까?', '어떻게 하면 수강생들이 즐겁게 영어를 배울 수 있을까?' 혹은 '수강생들에게 더 도움이 되는 새로운 커리큘럼은 없을까?' 같은 고민을 항상 해야 합니다.

브랜딩을 위해 브랜드 본질과 비전, 미션을 고민하던 시간은 저에게 매우 좋은 경험인 동시에 사업을 되짚어보는 기회가 되었습니다. 정신없이 일하다 어느 순간 되돌아보니 매출을 올리는 데에만 신경쓰고, 크고 작은 회사의 문제를 해결하느라 우리 브랜드에 관해 진지하게 고민할 시간이 없었습니다. 그러다 브랜딩을 하면서 비로소 우리 일의 본질에 대해 깊게 생각할 기회를 갖게 되었습니다. 저만의 이야기는 아닌 듯합니다. 브랜딩 컨설팅을 의뢰받은 회사에 가면 대표들이 약속이나 한듯 똑같은 이야기를 합니다. 회사의 성장에만 집중하다 보니 처음 브랜드를 만들 때 고민했던 부분들을 잊게 되는데, 브랜딩을 하는 과정에서 내가 진짜 무엇을 해야 하는지 다시 깨닫게 된다는 것이죠.

여러분 브랜드의 비전과 미션은 무엇인가요?

고객에게 어떤 약속을 할 것인가
: 브랜드 약속과 목표

브랜드 본질과 미션과 목표를 정했다면, 이제 우리가 고민할 부분은 '고객에게 우리가 어떤 약속을 할까?'와 '브랜드가 무엇을 이루고 싶은지' 정하는 것입니다.

　브랜드 약속 : 고객에게 우리 브랜드가 하는 약속

　브랜드 목표 : 우리 브랜드가 이루고 싶은 것

먼저 브랜드 약속은, 고객에게 어떤 약속을 할지 고민하는 겁니다. 와이씨 컬리지는 '일반 학원의 딱딱한 분위기가 아닌 즐겁고 자유로운 분위기, 빠른 영어실력 향상을 이끌어낼 수 있는 커리큘럼, 신뢰할 수 있고 열정 넘치는 강사진, 파티나 미니클래스를 통한 즐거운 영어학습 경험 제공'을 약속으로 정했습니다.

약속이라고 무조건 쉬운 것은 아닙니다.

브랜드 약속을 정할 때 반드시 고려해야 하는 3가지가 있습니다.

1. 업계 1위가 하지 않는 약속을 한다.
2. 내가 하고 싶은 약속이 아닌, 고객 입장에서 필요한 약속을 한다.
3. 브랜드 약속을 통해 고객이 우리를 더 좋아할지를 고민한다.

와이씨 컬리지를 시작할 때 부산에는 이미 대형 어학원들이 자리잡고 있었습니다. 탄탄한 커리큘럼은 물론이고 다양한 이유로 역사와 전통을 자랑하는 곳이었습니다. 만약 1위 업체와 마찬가지로 저희 와이씨 컬리지가 역사와 전통이 있는 곳이라고 어필했다면 소비자의 관심을 살 수 없었을 겁니다. 브랜드 약속을 정할 때 흔히 하는 실수가 '우리 시장에서 저 업체가 잘나가니 우리도 저런 약속을 해야겠다'고 생각하는 것입니다. 시장에서 1위를 차지한다는 것은 고객들이 이미 그 업체의 장점을 확실히 인식하고 있다는 뜻입니다. 그런데 갑자기 나타난 신생 업체가 1위와 똑같은 약속을 내걸면서 자신을 선택해달라고 하면 고객을 설득하기가 쉽지 않습니다.

저희가 고객에게 약속했던 것 중 하나는 기존 시장의 브랜드들이 이야기하지 않던 내용이었습니다. 저희는 '즐거운 영어학습 경험'을 내세웠습니다. 결국 기존의 영어학원들이 하지 않던 '외국인들과의 파티'를 통해 소비자들의 선택을 받을 수 있었습니다. 배달앱 시장에서도 쿠팡 이츠가 나오면서 소비자들에게 강조한 것은 다른 업체, 이미 1위를 하고 있던 업체의 약속이 아니었습니다. 대신 '한 번에 한 집'이라는 브랜드 약속을 내세운 결과, 소비자들의 주목을 받을 수 있었습니다. 업계 1위가 하지 않는 이야기를 브랜드 약속으로 정한다면, 분명 더 많은 이들의 선택을 받을 수 있습니다.

브랜드 약속에서 흔히 하는 실수 또 하나는 내가 하고 싶은 약속을 한다는 겁니다. 예를 들면, 와이씨 컬리지가 '매출의 최소 30%를 순이익으로 유지하겠다'는 약속은 철저히 브랜드 입장에서 생각한 겁니다. 당연히 브랜드 목표로서는 중요하지만, 고객에게 우리 순이익을 높이겠다는 약속은 전혀 와닿지 않습니다. 철

저하게 고객 입장에서 접근하되, 브랜드 본질과 비전 그리고 미션에 맞는 브랜드 약속을 해야 합니다. 즉 '어떻게 하면 고객에게 더 도움이 될까?'를 고민하는 것이 중요합니다.

잊지 말아야 할 것이 또 있습니다. 우리가 브랜딩을 하는 목표는 고객의 신뢰를 얻어 팬을 만드는 것입니다. 브랜드 약속을 정할 때도 어떻게 하면 고객이 우리를 더 좋아할지 고민해야 합니다.

사실 브랜드 입장에서 보면 다소 어려운 일일 수도 있습니다. '신뢰할 수 있고 열정이 넘치는 강사진'을 뽑겠다는 와이씨 컬리지의 브랜드 약속으로, 이 약속 덕분에 고객은 우리를 더 좋아할 수 있습니다. 하지만 회사, 브랜드 입장에서 보면 강사를 뽑는 데 더 신중해야 하고, 더 신경을 많이 써야 합니다. 단순히 순이익만 생각한다면 다소 경력이 짧고 열정이 부족하더라도 상대적으로 낮은 연봉의 강사를 채용할 수 있을 테니까요. 하지만 우리가 고객에게 한 약속을 지키려면 결코 해서는 안 되는 일입니다. 고객이 우리를 더 좋아하게 만드는 것이 우리의 일이기 때문입니다. 브랜드 약속은 우리가 생각하는 기본적인 브랜딩의 목적에서 벗어나서는 안 됩니다.

이제 브랜드 목표를 정할 때 고민해야 할 3가지에 관해 이야기 하겠습니다.

1. 목표를 설정하는 것이 실현 가능성을 높인다.
2. 구체적이고 측정 가능하게 쓴다.
3. 브랜드 본질과 관련 있어야 한다.

현실적인 목표 설정은 중요합니다. 많은 사람들이 열심히 일합니다. 그러고는 최선을 다한다고 합니다. 하지만 중요한 건 어느 순간에 도달하면 내가 브랜딩을 잘하고 있는지 못하고 있는지 확인하기가 쉽지 않습니다. 그래서 목표를 정하는 것이 매우 중요합니다. 가령 사고 싶은 운동화가 있으면 신기하게도 길을 걷는 와중에도 그 운동화만 눈에 들어옵니다. 내 마음속에 그 신발이 중요하게 느껴질 테니까요. 그래서 어떻게 하면 그 신발을 살 수 있는지만 계속 고민하게 됩니다. 어디서 사야 더 싸게 살 수 있을지, 혹은 더 빨리 원하는 사이즈를 얻을 수 있는지, 누가 시키지도 않았는데 내가 원하는 것을 얻는 데 집중하게 됩니다.

와이씨 컬리지의 브랜드 목표는 2026년까지 부산 성인 영어회화 학원의 점유율 80%를 차지하는 것입니다. 그냥 브랜드를 잘

키워보자는 정도가 아닌 명확한 목표가 정해지면, 조직 구성원들은 이를 달성하기 위해 무엇을 해야 할지 고민을 시작합니다. 그냥 열심히 하자거나 최선을 다하자가 아닌, 목표를 이루기 위한 명확한 일을 생각하게 됩니다.

목표는 구체적이고 측정 가능하게 써야 합니다. 브랜드 목표가 아무리 멋지더라도 추상적이면 조직 구성원들이 무엇을 해야 할지 명확히 알 수 없습니다.

'2026년까지 멋진 브랜드로 만들기' vs. '2026년까지 부산 성인 영어회화 점유율 80%'

위에 명시한 2개의 목표를 보면 어느 쪽이 브랜드 목표로 더 적합한지를 쉽게 알 수 있습니다. 브랜드 목표는 구체적이고 측정 가능하게 써야 합니다. 아울러 정확한 데드라인을 만들어두는 것이 좋습니다. '언젠가는 부산 성인 영어회화 점유율 80%'과 2026년까지 부산 성인 영어회화 점유율 80%'는 조직 구성원들에게 전혀 다른 느낌으로 가닿습니다.

여러 번 강조했다시피 브랜드 서클의 중심 축은 '브랜드 본질'입니다. 서클을 만드는 작업을 하면서 여러분이 정한 브랜드 본질에서 벗어나서는 안 됩니다. 와이씨 컬리지의 브랜드 본질은 '누군가의 꿈을 이뤄주는 곳'이며, 브랜드 목표는 더 많은 사람들의 꿈을 이뤄주기 위해 '2026년까지 부산 성인 영어회화 점유율 80%를 차지하는 것'으로 정했습니다. 우리가 해야 할 일이 무엇인지 명확히 정의한 후, 더 많은 사람들이 우리 브랜드를 통해 혜택을 얻을 수 있도록 점유율을 높이는 것을 목표로 삼았습니다.

여러분의 브랜드가 고객에게 하는 약속은 무엇인가요?
여러분의 브랜드가 이루고 싶은 목표는 무엇인가요?

_____

_____

_____

_____

_____

_____

어떤 브랜드로 인식되고 싶은가
: 브랜드 가치

앞에서 브랜드 약속을 정할 때 결코 해서는 안 되는 실수가 잘나가는 업체, 시장에서 1위를 차지하는 업체의 약속을 따라 하는 것이라 했습니다. 고객 머릿속에 그것은 이미 1위에 대한 이미지, 인식으로 자리잡혀 있기 때문입니다. 이처럼 어떤 브랜드에 대한 고객의 인식은 한번 정해지면 쉽게 바뀌지 않으며, 이는 그 브랜드의 가치와도 연관되어 있습니다.

최근 삼성의 브랜드 가치가 100조가 넘는다는 이야기를 들었습니다. 매년 언론에서 전 세계 브랜드 가치 순위를 발표하는 자료에 나온 내용입니다. 이런 정보를 접해서인지 많은 분들이 브랜드 가치라고 하면, 브랜드가 갖는 금전적인 가치를 먼저 떠올립니다.

과연 그럴까요. 저희 역시 브랜드 가치에 관해 여러 번 고민했습니다. 고심 끝에 결론을 내렸습니다. 사람들이 우리 브랜드를 떠올렸을 때 가장 먼저 드는 느낌, 이것이 저희가 정의한 브랜드의 가치입니다. 아무래도 명품백을 보면 '럭셔리한 느낌'을 받습니다. 빨간색 스포츠카를 타는 사람을 보면 '왠지 성공한 사람일 것 같은 느낌'이 듭니다. 파타고니아를 떠올리면 '환경보호를 위해 노력하는 느낌'이 들고 유니클로를 떠올리면 '가성비 좋은 제품이라는 느낌'이 듭니다.

그렇다면 브랜드 가치는 왜 중요할까요? 고객이 우리 브랜드를 느끼는 대로 두는 것이 아니라 우리가 원하는 느낌을 심어주는 것이 브랜드 가치의 주된 목적 아닐까요? 이는 '이미지'와도 관련이 있는데요. 저의 인스타그램 계정에는 다른 사람들에게 제가 보여주고 싶은 모습만 올립니다. 책 읽는 모습, 가족과 시간을 보내는 모습, 그리고 재미있는 내용을 업로드합니다. 이 3가지에 포함되지 않는 내용은 되도록 올리지 않습니다. 그 결과 인스타그램을 통해 저를 알게 된 사람은 저에 대한 이미지가 '책, 가족, 재미'로 국한됩니다. 그 사람들은 저의 그러한 모습만 반복적으로 봤으니까요. 실제 내가 어떤 사람인지도 중요하지만, 어떤 사람으로 보

코로나19 시절, 학원 내에서 마스크를 써달라는 포스터에도 브랜드 가치를 담기 위해 노력했다.

이는지도 정말 중요한 시대입니다. 물론 그 '차이'가 커서는 안 되겠지만요.

브랜딩을 하면서 브랜드 가치를 정하는 이유도 다르지 않습니다. 소비자들에게 보여주고 싶은 모습을 반복적으로 노출하면서 나의 이미지를 만들어가는 겁니다. 와이씨 컬리지의 브랜드 가치는 '재미있는, 진심이 담긴 그리고 꿈을 이루는'입니다. 우리가 만드는 포스터, 굿즈, 소셜미디어, 홈페이지에 이 3가지 가치 중 최소한 하나를 반드시 담아서 제작합니다. 학원 내에서 마스크를 써달라는 포스터를 만들 때에도 반드시 '재미있거나, 진심이 담기거나 혹은 꿈을 이루는'이라는 메시지를 담습니다. 3가지 가치를 모두 담는 것이 이상적이겠지만 현실적으로 언제나 가능하지는 않습니다.

이런 브랜딩 작업을 지속적으로 진행하면, 사람들에게 와이씨 컬리지를 우리가 원하는 이미지로 인식시킬 수 있습니다. 와이씨 컬리지라는 브랜드가 '특정 느낌'으로 정착하는 셈이죠.

브랜드 가치의 역할은 또 있습니다. 조직에서 의사결정을 하는 데 중요한 기준이 됩니다. 와이씨 컬리지에서는 매달 원어민들과 파티를 여는데, 그때마다 어떤 테마와 내용으로 파티를 진행할지 늘 고민합니다. 이때에도 브랜드 가치를 꺼냅니다. 가령 할로윈 파티를 하더라도 우리 브랜드의 가치인 '재미있는, 진심이 담긴 그리고 꿈을 이루는'이 꼭 들어가도록 머리를 맞대고 고민합니다. 우선 재미없고 진지한 파티가 아니라, 다양한 게임을 통해 '재미있게' 진행하려 애씁니다. 이유는 하나, 우리 브랜드 가치가 그러하기 때문입니다. 파티 목적 자체가 즐거운 영어 사용경험이기 때문에 영어실력 향상에 도움이 되는, '파티에서 사용하는 영어표현 모음'도 진심을 담아 만듭니다. 마지막으로 외국에 가면 일상적으로 열리는 파티를 경험하게 함으로써 수강생들의 '꿈을 이루는' 일을 돕고자 합니다.

새로운 수업을 기획할 때도 이 브랜드 가치가 중요한 의사결정의 기준이 됩니다. 재미있고 진심이 담기고 꿈을 이루는 수업을 기본 조건으로 삼습니다. 최근 비즈니스 영어 과정을 기획하면서도 이런 질문이 빠지지 않았습니다.

'우리 수업이 경쟁업체의 수업보다 재미있을까?', '우리의 진심이 느껴질까?', '수강생들의 꿈을 이루는 데 직접적인 도움이 될까?' 이런 생각을 꾸준히 하면서 과정을 다듬어갑니다.

물론 브랜드 가치가 만능은 아닙니다. 하지만 의사결정을 내리는 최소 기준으로 꾸준히 이용한다면, 적어도 최고 의사결정권자의 생각으로만 조직이 운영되는 사태는 막을 수 있습니다.

마지막으로 브랜드 가치는 채용을 포함해 기업문화를 만들어가는 기본 틀로 쓰입니다. 어쩌면 기업이 가장 큰 노력을 기울여야 할 일은 기업문화일 것입니다. 유능한 인재를 채용하는 것까지는 누구나(?) 가능할지 몰라도, 그렇게 모인 사람들이 성과를 내도록 끌고 가는 힘은 좋은 기업문화에서 나옵니다. 사람들이 와이씨 컬리지의 기업문화를 볼 때도 '재미있고, 진심이 담기고 꿈을 이루는' 느낌을 받았으면 좋겠습니다. 낮에 가끔씩 밖으로 나가서 놀고 오거나 직원들끼리 마니또 게임을 하는 것도 회사생활을 '재미있게' 느끼기를 바라기 때문입니다. 외부인들이 봐도 같은 생각을 하지 않을까요? 내부에서는 고객을 '진심으로' 대하는 기업문화를 만들기 위해 미팅 시간에 꾸준히 고객중심으로 사고하기를 부탁합니다. 아울러 우리 회사가 직원들의 '꿈을 이루는' 데 도움이 되기를 바랍니다. 직원들이 어떤 꿈을 갖고 있고 우리 회사가 그 꿈을 이루는 데 어떤 역할을 할 수 있는지 물어보는 것도 같은 이유입니다.

이제 브랜드 가치가 왜 중요한지 공감하셨나요? 하나 더 말씀드리면, 브랜딩을 하다 보면 어쩔 수 없이 가끔씩은 문제가 발생합니다. 브랜드 가치를 가장 잘 지키는 회사를 정해놓고, 문제 상황에 맞닥뜨렸을 때 이를 참고하면 문제를 풀어나가는 데 아이디어를 얻을 수 있습니다. 브랜드 서클에 '유사 브랜드' 항목이 있는 이유입니다.

재미있는 : 배달의민족

진심이 담긴 : 파타고니아

꿈을 이루는 : 디즈니랜드

이 세 브랜드는 자신의 브랜드 가치를 가장 잘 표현한다고 생각하는 브랜드입니다. 배달의민족은 유쾌하고 즐거운 마케팅 캠페인으로 잘 알려져 있습니다. 우리 회사에서 마케팅 캠페인을 기획할 때 가장 참고를 많이 하는 브랜드이기도 합니다. 파타고니아는 환경이라는 관점에서 어느 곳보다 '진심을 담아 행동하는' 브랜드입니다. 매출의 1%를 환경보호를 위해 쓴다거나 환경을 위해 가급적 새로 건물을 짓지 않는 등의 노력을 보면서, 우리 브랜드의 갈 길을 정하는 데 큰 도움을 받습니다. 디즈니랜드는 영화에서 보던 주인공을 만날 수 있는, 꿈이 이루어지는 멋진 브랜드입니다. 디즈니랜드의 고객 응대를 보면서 늘 배우는 것은 물론이고요. 우리 브랜드의 가치를 정했다면, 그와 유사한 브랜드를 직접 찾아보시길 바랍니다.

여러분의 브랜드 가치는 무엇입니까?
우리 브랜드와 유사한 브랜드는 무엇인가요?

일을 하면서 알게 된 8가지 사실

1. 팔고 싶은 걸 팔지 말고 손님이 좋아할 만한 걸 팔아라.

2. 잘되는 사람을 보면 그 사람의 단점을 보지 말고 그 사람의 장점을 찾아라.

3. 노력 없이 생기는 좋은 결과는 없다.

4. 사업도 공부가 필요하다.

5. 공부를 했다면 반드시 실천해야 한다.

6. 모든 문제의 책임은 리더에게 있다.

7. 모든 사람이 좋아할 수는 없다.

8. 리더가 해야 할 일은 리더가 해야 한다.

이 책에서 가장 강조하고 싶은 것은 1번, '팔고 싶은 걸 팔지 말고 손님이 좋아할 만할 걸 팔아라'입니다.

알고 지내는 대표님이 있는데, 안타깝게도 번번이 사업이 잘 안되는 분입니다. 이분이 늘 하는 말은 "뭘 팔아야 돈이 될까?"입니다. 당연히 틀린 말은 아닙니다. 사업은 돈을 벌어야 하니까요. 하지만 이분은 돈이 되는 일만 지나치게 의식한 나머지, 품질에는 큰 관심이 없습니다. 이 제품이 고객에게 꼭 필요한 것인지도 고려하지 않습니다. 이 제품으로 고객의 삶이 더 나아지거나 편해지면 좋겠다는 생각 또한 전혀 없습니다.

분명 의견이 다른 분들도 있을 겁니다. 돈 되는 비즈니스로 성공한 기업가의 이야기를 많이 들었기 때문이죠. 하지만 시대가 변해버린 걸 부정할 순 없습니다. 과거에는 공급 과잉이라는 단어를 들어본 적이 없으니까요. 너무 많은 선택지가 주어지다 보니 고객은 단순히 제품만 보고 구매하는 게 아니라, 회사의 가치를 보기 시작했습니다. 팔고 싶은 걸 파는 회사와 고객에게 필요한 제품을 파는 회사, 여러분은 어느 회사의 제품을 사고 싶으십니까?

내가 팔고 싶은 걸 파는 것은 외식업을 포함한 많은 사업에서 종종 있는 일입니다. 당연히 사업에 정해진 성공 공식이 있는 것도 아니고요. 하지만 성공한 사업가들을 보면, 내가 팔고 싶은 물건이 아니라 '고객이 좋아할 만한 것을 팔기 위해' 노력합니다. 사업이 안 되는 사람들 중 대다수는 '내가 팔고 싶은 것'이나 '돈이 되는 것'을 파는 경우가 많습니다. 하나 더, 자신이 파는 제품에 대한 자부심이 대단합니다. 물론 내 아이템에 자부심을 느끼는 것은 매우 중요하지만, 자부심을 부여해주는 건 고객들의 몫임을 잊어서는 안 됩니다.

단순히 고객의 재구매율을 통해 내 제품의 좋고 나쁨을 평가받는 건 속상한 일입니다. 하지만 매출을 일으켜야 하는 사업에서는 어쩔 수 없습니다. 제품을 구매하는 것은 고객의 선택이고, 그 선택을 받지 못하면 결코 비즈니스를 성장시킬 수 없습니다.

2장

팬의 마음을 움직이는 방법

"소비자들은 똑똑하다. 하지만 재미있는 사실은 사람들의 의사결정 과정이 항상 이성적이진 않다는 거다. 전통적인 경제학에서는 사람들이 이성적이고 최대한 똑똑한 결정을 내린다고 믿었다. 하지만 행동경제학자들이 등장하면서 인간은 자주 비합리적이고 비이성적인 선택을 한다는 걸 밝혀냈다."

팬의 행동을 바꾸는 브랜드 스토리

앞에서 팬을 만드는 브랜드 서클에서 가장 중요한 3가지 요소가 팬과 브랜드 스토리, 인터널 브랜딩이라고 이야기했습니다. 본론에 들어가기 전, 잠시 브랜딩을 해야 하는 이유를 떠올려봅니다. 우리가 브랜드를 만들고 알리는 이유 중 하나는, 수많은 브랜드 중에서 고객이 우리 브랜드를 선택해주길 바라기 때문입니다. 즉 우리 브랜드를 알아봐주는 고객의 '행동'을 이끌어내야 하는 거죠. 누군가의 행동을 이끌어내는 데 스토리는 대단히 효과적입니다.

1. 스토리는 소비자 행동을 이끌어낸다.

2. 스토리는 사람들의 기억에 오래 남는다.

3. 스토리는 비교적 적은 비용으로 활용할 수 있다.

오른쪽 두 개의 글을 하나씩 살펴보겠습니다. 인터넷에서 찾은 것인데 둘 다 실내에서 뛰지 않을 것을 요구하는 내용입니다. 첫 번째 글은 매우 합리적이자 이성적으로 이야기합니다. '중저음대의 주파수'나 '공진'이라는 어휘로 우리를 설득합니다. 반면 두 번째 글은 이야기를 담아 설득합니다. 공포스러운 감정을 일으키는 표현이 느껴집니다. 이 두 가지 중 어느 쪽이 더 설득력 있게 느껴지나요?

논리는 사람을 생각하게 만들지만, 스토리는 감정을 일으키고 우리를 행동하게 합니다. 뇌과학자들이 연구를 통해 밝혀낸 결과에 의하면, 소비자들은 감정을 바탕으로 구매를 결정하는 경우가 더 많습니다. 우리 브랜드를 선택하는 고객의 행동을 이끌어내려면 스토리가 매우 효과적입니다.

스토리라고 해서 대단한 것을 고민할 필요는 없습니다. 물론 너무 평범한 이야기여서도 안 되겠지요. 오쓰 식당을 운영하면서도 이러한 기준으로 최대한 많은 이야기를 전하기 위해 노력합니다. '밥 먹기 좋은 오쓰 식당'이라는 표현보다 '인력거가 있는 오쓰 식

위에서 뛰시면 중, 저음대의 주파수가
공진되어 아랫집이 소음으로 불편을 겪게 됩니다.
뛰지 말아 주세요.

507호 입니다. 오랜 징역생활로 삶이 고단한 터에
이런 소음이 제게 주는 스트레스는 조울증이
있는 제겐 공격적인 성향을 감추기 힘들게 하세요.
이웃끼리 혈흔이 난무하는 불상사가 생기지 않길 바랍니다.
길게 얘기하지 않겠습니다.
낮보다 밤이 깁니다. 그럼 이만 —

당', '친구를 업고 오면 서비스 메뉴를 주는 오쓰 식당', 혹은 '훨 게임을 통해 공짜 식사를 할 수 있는 식당'처럼, 사람들이 흥미를 가질 만한 이야깃거리를 꾸준히 만들기 위해 노력합니다.

스토리가 좋은 이유는 또 있습니다. 스토리는 사람들의 기억 속에 오래 남습니다. 신발 중에 락포트라는 정장화 브랜드가 있습니다. 정장에 맞춰서 신는 구두는 대개 발이 편하지 않은 데 비해, 락포트는 '편한 구두'로 알려져 있습니다. 락포트가 소비자들에게 이렇게 각인된 것은 스토리 덕분입니다. '편한 구두 락포트'라는 상투적인 표현은 소비자를 설득하기에 힘이 약하고, 오래 기억에 남을 만큼 인상적이지도 않습니다. 그런데 이 브랜드의 부사장이 직접 락포트 구두를 신고 마라톤을 완주한 적이 있습니다. 심지어 부상도 입지 않고 42.195km라는 엄청난 거리를 별 탈 없이 뛰었습니다. 그 결과 사람들에게 '마라톤을 뛰어도 될 만큼 편한 구두 락포트'라는 인식을 심어주게 되었습니다. 이미 이 이야기를 들어본 분도 있을 테고 처음 들은 분도 있을 겁니다. 처음 들었다 해도 아래의 두 문구를 비교하면, 어떤 표현이 사람들에게 더 오래 기억될지는 쉽게 알 수 있습니다.

'편한 구두, 락포트' vs. '부사장이 직접 신고 마라톤을 완주

한 편한 구두, 락포트'

우리가 할 일은 고객이 구매를 고민할 때 카테고리에서 가장 먼저 떠오르는 제품이 되는 겁니다. 그러려면 고객의 기억에 오래오래 남아야 합니다. 우리는 누군가 알려준 정보는 쉽게 잊어버려도, 누군가가 들려준 재미있는 이야기는 좀처럼 잊어버리지 않습니다. 아니, 적극적으로 남들에게 알리기까지 합니다. 오쓰 식당의 인스타그램에는 매일 흥미로운 포스팅을 올립니다. 그날의 매출을 공개하는 것이죠. 처음에는 누구도 관심이 없었습니다. 유명한 식당이 아니었으니까요. 하지만 꾸준히 반복적으로 올리다 보니 아무래도 사람들의 기억에 남는 것 같습니다. 처음 식당을 방문하는 손님들에게 어떻게 오게 되었는지 물어보는데, 그중에는 인스타그램에서 공개하는 매출을 잘 보고 있다면서, 저희 이야기가 재미있어서 찾아왔다는 분들이 있습니다. 꾸준히 올리는 스토리를 통해 저희 브랜드를 기억해준 분들이 생기고, 구매까지 이어지는 것이죠.

마지막으로, 스토리는 비교적 적은 비용으로 활용할 수 있습니다. 제가 강의를 가면 자주 받는 질문 중 하나가 "어떻게 하면 큰 비용 들이지 않고 우리 브랜드를 알릴 수 있을까요?"입니다. 이

질문에 대해 먼저 답하자면, 많은 비용을 투입할 수 없으면 그 대신 시간을 더 많이 써야 합니다. 세상에 공짜로 얻을 수 있는 건 거의 없으니까요. 좀 더 자세히 설명하자면, 큰 비용을 들이지 않으려면 시간을 남들보다 더 써야 하는데, 저는 그 시간을 브랜드 스토리를 발굴하는 데 집중하라고 강조합니다. 큰 비용 없이 시간투자로 얻을 수 있는 것이 스토리입니다.

오쓰 식당 브랜딩도 마찬가지였습니다. 저희는 작은 식당이지 많은 예산을 쓸 수 있는 큰 회사가 아닙니다. 저희가 할 수 있는 최고의 전략은 우리만의 이야기를 사람들에게 알리는 것이기에, 식당에 출근하면 가장 먼저 사람들의 관심을 끌 이야기가 있는지 고민을 시작합니다. 어떤 이야기를 하면 좋을지는 다음 장에서 더 구체적으로 이야기해보려 합니다.

어떤 이야기를 해야 할까?
: 브랜드 스토리 만들기

사람들의 궁금증은 대체로 비슷합니다.

"브랜드 스토리가 중요한지는 알겠는데, 어떤 브랜드 스토리를 알려야 할까요?"

이런 질문을 받을 때마다 이렇게 이야기합니다.

"여러분의 브랜드에 관한 이야기라면, 어떤 것도 좋습니다."

과연 그럴까요? 과거에 제게 이런 대답을 들었던 분이 이 책을 읽고 있다면, 저의 미흡한 답변에 대해 사과하고 싶습니다. 고객들에게 존경받는 브랜드가 되기 위해 알려야 할 스토리는 분명 '따로' 있습니다. 저도 처음에는 생각지 못했다가《브랜드 애드머레이션Brand Admiration》(박종환 외 지음)이라는 책을 읽고 느낀 바가 있어 제 나름대로 생각을 정리해보게 되었습니다. 세계적으로 저명한 교수들이 함께 모여 구글, 나이키, 애플처럼 고객으로부터 칭송받는 브랜드는 어떻게 만들어지는지를 연구하여 쓴 것입니다. 물론 누구나 아는 다국적 브랜드와 달리 작은 브랜드를 맡고 있는 저는, 이 책의 내용을 제 방식으로 수정해 활용하고 있습니다. 제 나름대로 해석한, 칭송받는 브랜드가 갖춰야 할 3가지는 다음과 같이 이야기할 수 있습니다.

1. 신뢰를 얻기 위한 전문성
2. 사랑을 받기 위한 정감성
3. 존중을 얻기 위한 공감성

위의 3가지 요소가 적절히 균형을 갖추어야 칭송받는 브랜드가 될 수 있습니다. 전문성 관점에서 보면 아무리 맛있는 음식을 파는 식당이라도 친절하지 않고 청결하지 않으면 소비자의 선택을 받을 수 없습니다. 마찬가지로 공감성 관점에서 보면 아무리 멋진 신념을 가진 사회적 기업이라 하더라도 제품의 전문성이 부족하면 소비자들은 구매하지 않습니다. 우리 브랜드가 어떤 이야기를 해야 할지 하나씩 설명해보도록 하겠습니다.

'신뢰를 얻기 위한 전문성'을 가장 먼저 언급했습니다. 그만큼 브랜드의 전문성은 중요하고 전문성을 담은 스토리를 고객들에게 알리는 것도 중요한데, 특히 표현 방법이 관건입니다. 전문성을 이야기하려면 소비자들이 믿을 만한 근거를 함께 제시할 수 있어야 합니다.

'파스타 전문점이라 맛있습니다.' vs. '이탈리아 현지 음식점에서 7년간 일한 셰프가 만든 파스타라 맛있습니다.'

여러분은 어떤 이야기가 더 끌리시나요? 둘 다 전문성을 갖춘 음식점이라고 이야기하지만 두 번째 문장은 우리가 믿어야 할 이유를 알려줍니다. 고객에게는 추상적이고 관념적인 이야기가 아닌 직접적인 브랜드 스토리를 만들어 제공해야 합니다. 다시 전문성에 관한 이야기를 해보겠습니다. 브랜드가 전문성을 갖춰야 하는 건 지극히 당연합니다. 음식점은 음식이 맛있어야 합니다. 영어학원은 영어를 잘 가르쳐야 합니다. 옷 가게는 잘 만든 옷을 팔아야 합니다. 물론 이렇지 않은 브랜드도 있다는 게 슬프긴 하지만요.

다만 앞에서 말했듯 전문성의 영역 역시 고객들이 공감할 수 있는 내용이어야 합니다. 영어학원인 와이씨 컬리지도 전문성을 전하려면 당연히 '영어를 잘 가르치는 영어학원입니다'라고 해야 합니다. 하지만 이런 식으로 고객들의 신뢰를 얻기란 쉽지 않기에 세세한 내용을 담았습니다.

'영어를 잘 가르치는 영어학원' vs. '2년 이상 경력직 강사만 채용하는 영어학원'

어느 쪽이 더 공감가는 문장인지 바로 느낄 수 있을 겁니다. 물론 브랜드 스토리를 위해 없는 이야기를 지어낼 필요는 없습니다. 그래서도 안 되고요. 그건 브랜드 스토리가 아니라 '거짓말'이 될 테니까요. 와이씨 컬리지의 커리큘럼이 강사뿐 아니라 뇌과학을 전공한 의대 교수의 감수를 받았다는 스토리 역시 전문성을 강조하기 위한 것입니다

이불을 판매하는 '스타일링홈'이라는 브랜드와 함께 브랜딩을 고민한 적이 있습니다. 누구나 말하는 '우리 이불은 좋습니다'라는 식이 아닌 다른 방식의 스토리가 필요했습니다. 스타일링홈 대표님과 이야기하던 중, 경쟁사와 달리 이 회사는 자체 공장을 운영한다는 사실을 알게 되었습니다. 자체 공장을 운영하는 것이 회사 입장에서 쉬운 일은 아니라고 합니다. 기계를 사고 새롭게 직원을 채용해야 하기에 외주 업체에 의뢰하는 것보다 챙겨야 할

업무가 더 많습니다. 하지만 자체 공장을 운영하면 고객에게 더 좋은 제품을 제공할 수 있기에 불편을 감수한다고 했습니다. 저희는 고민 끝에 이 브랜드의 전문성을 담은 스토리를 '자체 공장을 운영하기에 더 좋은 제품을 제공합니다'로 정했습니다. 스토리는 이미 우리가 가진 이야기 중에서 고객들이 흥미를 가질 만한 것 혹은 직접적으로 도움되는 내용을 찾는 것입니다. 여러분의 브랜드는 이미 훌륭한 스토리를 가지고 있을 겁니다. 그 이야기를 아직 찾지 못했을 수는 있지만요.

제품이나 서비스가 좋다는 이유로 고객의 선택을 받을 수 있는 시대는 지났습니다. 그럼에도 브랜딩을 고민하는 과정에서 처음부터 끝까지 '전문성'이라는 관점에서만 접근하는 분들이 여전히 의외로 많습니다. 여러 번 이야기했지만 '우리 제품은 좋으니 소비자들이 당연히 구매할 거야'라는 믿음은 더 이상 통하지 않습니다.

구매를 넘어서서 팬을 얻을 수 있는 브랜드가 되려면 '정감성'이라는 부분도 강조되어야 합니다. 정감성이라면 무슨 의미인지 언뜻 와닿지 않는 분들도 있을 겁니다. 브랜드 호감도를 높여주는 느낌이라 생각하면 이해하기 편할 겁니다. '왠지 모르게 끌리는, 그런 감정'이라 해도 좋겠고요.

홍성태 교수님의 《모든 비즈니스는 브랜딩이다》라는 책을 보면 이런 사례가 소개되어 있습니다. 흔히 소개팅을 하면서 사람들이 이런 이야기를 한다고 합니다. '조건은 좋은데 끌리지 않는다'고요. 이런 경험을 한 번쯤 해보셨을 겁니다. 외모나 직업 등을 보면 누가 봐도 괜찮은데, 끌리는 감정이 없으면 연애로 이어지지 않죠. 브랜드도 마찬가지입니다. 전문성만 갖춘 브랜드는 제품은 좋지만 왠지 끌리지 않는 느낌에 그칠 확률이 높습니다. 브랜드에 정감성이 필요한 이유입니다.

정감성을 얻기 위해서는 크게 두 가지 요소를 활용할 수 있습니다.

1. 고객이 재미있어하거나 흥미를 가질 만한 이야기
2. 고객의 마음을 뺏을 수 있는 디자인적 요소

브랜딩을 잘한다고 소문난 배달의민족을 보면 고객이 재미있어하거나 흥미를 가질 만한 스토리가 매우 많습니다. 와인 소믈리에로부터 영감을 얻었다는 '치믈리에'나 배민신춘문예 등의 이벤트가 브랜드 전문성과 직접적인 관련이 있지는 않습니다. 하지만 재미있는 이벤트를 치름으로써 소비자들의 브랜드 호감도를 높여줍니다. 예산을 담당하는 의사결정자 입장이라면 이런 이벤트를 선뜻 승인하기가 쉽지 않을 겁니다. 이 이벤트가 브랜드에 얼마만큼의 수익전환을 가져다줄 수 있을지 직접적으로 측정하기 어려울 테니까요. 하지만 '정감성'을 높여주는 이벤트의 목적을 이해한다면, 단순한 지출이 아닌 브랜드를 위한 투자라 생각해 기꺼이 예산을 집행할 수 있습니다. 이렇게 투자한 브랜드는 결국 팬을 얻거나, 신뢰를 얻거나, 아니면 수익률 증대 등의 보상을 얻게될 테고요.

와이씨 컬리지는 전 직원과 강사들이 주4일 근무를 합니다. 주4일 근무가 수강생들의 영어실력 향상에 직접적으로 도움이 된다는 근거는 찾기 어렵습니다. 하지만 주4일 근무라는 여건에서 일하는 사람들은 상대적으로 여유로운 회사생활을 할 수 있습니다. 이런 여유로움은 보다 나은 고객 서비스를 제공하는 데 도움될 테고요. 또한 직원에게 잘하는 회사는 소비자들의 높은 브랜드 호감도를 얻을 수도 있습니다. 똑같은 조건의 두 브랜드가 있다면, 직원에게 더 잘하는 브랜드에 끌리는 건 당연하겠죠?

오쓰 식당을 운영하면서도 정감성을 얻기 위한 스토리를 알리는 데 많은 노력을 기울이고 있습니다. 그중 하나가 인스타그램과

페이스북 페이지에 그날의 매출을 공개하는 건데요. 물론 매출을 알리는 일이 음식이 맛있다는 전문성과 직접적인 관련은 없습니다. 하지만 고객들이 매일 오쓰 식당 매출을 보면서 저희 브랜드를 응원해주기 시작했습니다. 매출이 떨어진 다음날은 직접 가게에 오셔서 응원해주시기도 하고, 유달리 매출이 높았던 날에는 자기 일처럼 기뻐하면서 격려의 말을 전하고 가는 분들도 있습니다. 저희는 매출 공개를 통해 오쓰 식당이 잘되기를 진심으로 바라는 사람들의 수를 늘려가고 있습니다.

대표가 재미있다고 생각하는 상품만 골라서 파는 '스투피드'라는 독특한 브랜드가 있습니다. 할로윈 데이나 크리스마스 같은 날이 되면 수많은 고객들이 이 브랜드를 찾습니다. 다른 곳에서 살 수도 있는데 이 브랜드를 택하는 이유가 무엇인지 보니, 홈페이지 구성이나 상품 설명이 다른 사이트에서 볼 수 없는 즐거움과 특이함으로 가득하더라고요. 쓸데없는 물건만 판다고 자진해서 적어두기도 했고요. 진짜 문신은 아프니 타투 토시를 구매하는 거냐는 멘트가 사람들에게 재미와 웃음을 제공합니다. 이 브랜드는 정감성을 잘 활용해 10년이 넘도록 꾸준히 성장하고 있습니다.

정감성을 얻는 데에는 고객의 마음을 뺏을 수 있는 디자인적인 요소도 중요합니다. 브랜딩을 하기 전까지는 디자인이 가진 힘에 대해 잘 알지 못했습니다. 브랜딩을 잘하려고 이것저것 공부하는 과정에서, 디자인이 브랜딩에서 차지하는 영향력이 상당하다는 것을 알게 되었습니다. 소비자들은 상세 페이지나 제품 패키지 디자인을 보면 보통 5초 내에 (마음속으로) 구매 여부를 일단 결정하게 된다고 합니다. 아무리 뛰어난 제품이라도 디자인이 형편없다면 구매로 이어지기는 힘듭니다.

부산에서 출발한, 블루샥Blu Shaak이라는 커피 브랜드가 있습니다. 이 브랜드는 많은 경쟁업체가 있는 커피 시장에서 론칭한 지 얼마 지나지도 않아 전국에 50여 개의 가맹점을 냈습니다. 블루샥은 디자인의 중요성을 어느 브랜드보다 잘 이해하고 로고나 제품 패키지에 꾸준히 투자합니다. 물론 커피 맛은 중요합니다. 하지만 품질 좋은 원두를 쓰더라도 매장 인테리어나 간판이 끌리지 않으면 소비자들의 관심이나 구매를 이끌어내기 어렵습니다. 좋은 원두를 구하고 로스팅하는 데 아무리 많은 시간과 노력을 투자했더라도 고객이 구매하지 않으면 아무런 의미가 없겠죠.

디자인을 통해 무조건 예쁘고 멋진 결과물을 만들자는 이야기가 아닙니다. 앞서 우리가 고민했던 브랜드 가치를 가장 잘 담아내는 디자인을 하는 것이 중요합니다. 우리에게 걸맞은 디자인을 정하는 기준은, 좋은 디자인이 무엇인지 의사결정하는 기준은 우리 브랜드의 가치를 얼마나 잘 표현했는지가 되어야 합니다.

　마지막으로 '존중을 얻기 위한 공감성'입니다. 요즘 유독 브랜드 철학이라는 말을 많이 듣기도 하고, 하기도 합니다. 이제는 고객들이 브랜드만 보는 것이 아니라 그 브랜드가 추구하는 철학을 보기 시작한 것이죠. 브랜드가 가진 신념이나 사회에 미치는 긍정적인 영향이 구매결정의 중요한 기준이 되고 있습니다. 이미 많은 전문가들이 사회에 긍정적인 영향을 미치고자 노력하지 않는 기업은 소비자들의 외면을 받을 거라 이야기한 바 있습니다. 수많은 브랜드가 환경보호나 공정무역 등에 신경을 쓰는 것도 마찬가지 이유입니다. 기업이 당연히 해야 할 일이라 여기기 때문입니다.

　우리가 흔히 말하는 '좋은' 브랜드의 스토리를 들여다보면 지금까지 설명한 3가지 요소를 모두 갖추고 있습니다. 환경보호에 신경쓰는 것으로 유명한 브랜드 파타고니아가 지속적으로 성장하는 이유는 잘 만든 옷이라는 전문성과 좋은 파도가 칠 때 서핑할 수 있는 근무여건을 담은 정감성만은 아닐 겁니다. 꾸준히 환경보호를 위해 노력하는 '공감성'이 어우러짐으로써, 파타고니아는 소비자의 존경을 받는 브랜드가 될 수 있었습니다.

　와이씨 컬리지를 운영하면서 기부 활동을 하고, 경제적인 이유로 영어를 배울 수 없는 아이들을 도우려는 활동 역시, 기업이 당연히 해야 할 일이라고 생각하기 때문입니다. 이런 활동은 고객의 공감성을 얻을 수 있는 스토리가 됩니다.

신발 하나를 사면 신발을 살 수 없는 아이들에게 한 켤레를 무료로 제공하는 '탐스'라는 브랜드가 있었습니다. 안타깝게도 존중을 얻기 위한 공감성이라는 측면에서 보면 뛰어났지만, 지금은 한국에서 철수했습니다. 패션 아이템으로서의 전문성을 꾸준히 유지하지 못했기 때문입니다. 기업이 사회에 좋은 일을 하는 것, 착한 기업을 경영하는 것은 중요하지만 소비자들은 그 사실만으로 제품을 구매하지 않습니다. 전문성, 정감성과 공감성이 적절히 조화롭게 유지되어야 사람들이 존경하는 브랜드가 될 수 있습니다. 하나만 강조해서는 오래가는 브랜드가 되기 어렵습니다.

여러분의 브랜드에는 어떤 브랜드 스토리가 있나요?
전문성, 정감성, 공감성을 갖추고 있나요?

직원이 가장 먼저 우리의 팬이 되어야 한다
: 인터널 브랜딩 1

브랜딩을 하는 과정에서 크게 깨달은 게 또 하나 있습니다. 브랜딩은 '함께하는' 거라는 사실입니다. 나름대로 브랜딩에 관한 책도 구해 읽고 강의도 많이 들으면서 어렴풋이 어떻게 해야 할지 알게 되었습니다. 당연히 같이 일하는 팀원들에게 브랜딩에 관한 이야기도 해주고 해야 할 일도 알려줬습니다. 모두들 고개를 끄덕이며 동참했습니다. 바로 효과가 나타났을까요? 아뇨. 그다지 큰 효과를 얻지 못했습니다. 어째서인지 골똘히 생각해보았습니다. 그들의 마음을 사지 못해서였습니다. 저는 고객의 마음을 얻기 위해서는 노력했지만, 팀원들에게는 브랜딩에 대한 지식만 전달했을 뿐, 그들의 마음을 얻기 위해 노력하지 않았습니다.

고객의 신뢰를 얻어서 우리 브랜드의 팬으로 만드는 것, 여러 번 말한 것처럼 정말 중요한 일입니다. 하지만 우리 조직을 구성하는 직원들을 먼저 우리 브랜드의 팬으로 만들지 못한다면, 아무리 열심히 해도 원하는 결과를 얻기 어렵습니다. 아무리 뛰어난 브랜딩 전략을 세운다 해도, 홈페이지에 멋진 브랜드 스토리를 올린다 해도, 조직 구성원들이 우리 브랜드를 좋아하지 않는다면? 고객의 신뢰를 얻기란 요원합니다.

그도 그럴 것이 고객은 대개 직원을 통해 우리 브랜드를 경험하게 됩니다. 홈페이지에 올린 문의 사항에 답하거나, 전화를 받거나, 매장에서 고객을 응대하는 것 역시, 대개 조직 구성원들의 역할입니다. 고객은 직원과의 접점을 통해 우리 브랜드를 경험하기에, 조직 구성원에게 우리 브랜드 가치를 내재화하는 것은 정말 중요합니다. 이걸 인터널 브랜딩이라 부릅니다. 인터널 브랜딩에서 반드시 기억하고 실행해야 할 3가지가 있습니다.

1. 브랜드의 성공은 '얼마나 많은 사람이 우리가 성공하기 원하느냐'에 달려 있다. 조직 구성원들도 진심으로 우리 브랜드의 성공을 바라야 한다.
2. 처음부터 우리 조직에 맞는 인재를 채용하는 것이 중요하다.

3. 조직 구성원들이 브랜드 성공을 위해 큰 성과를 내지 못하는 것은 대개 리더의 잘못 때문이다.

성경 말씀처럼 들릴 수도 있겠지만, 우리 브랜드의 제품을 단순히 구매하는 사람이 아닌 우리 브랜드가 정말 잘되기를 바라는 사람이 많으면, 고객으로부터 사랑받는 브랜드가 될 수 있습니다. 더구나 우리가 잘되길 바라는 사람들 중에 직원이 포함되어 있다면 원하는 목표에 조금 더 빨리 도달할 수 있습니다. 저역시 이렇게 말하지만 브랜드 팬을 만드는 데 신경 쓰느라, 혹은 매출을 의식하느라 직원의 마음을 놓칠 때도 있습니다. 물론 모든 직원을 100% 우리 브랜드의 팬으로 만들기란 현실적으로 쉽지 않습니다.

실제로 브랜딩 자체가 쉽지는 않습니다만, 가장 어려운 것을 꼽으라면 '인터널 브랜딩'이 아닐까요? 저 역시 가장 고민했던 부분인데, 이 문제를 해결하는 데《상자 밖에 있는 사람》(아빈저연구소 지음)이라는 책에서 큰 도움을 받았습니다. 책의 메시지를 간단히 설명해보면, 대부분의 인간은 자기합리화에 능한 존재입니다. 저는 마케팅팀을 이끌고 있지만 원하는 매출을 달성하지 못할 때가 있습니다. 여기서 문제가 발생합니다. 저는 실제 제가 뛰어나다고 생각하고, 우리 팀에서 가장 마케팅에 대한 지식도 많고 실행력도 뛰어나다고 믿습니다. 저의 실력, 제가 뛰어난 사람이라는 걸 합리화하려면 내가 아닌 팀원들에게서 문제를 찾아내야 합니다. 이 관점에서 팀원들을 바라보면 단점만 보이기 시작합니다. 제 스스로를 합리화해야 하기 때문입니다. 이런 식으로 단점만 찾다 보면 팀원들에게 선입견이 생기고, 이 악순환은 계속됩니다. 팀원들 또한 단점만 찾아서 질책하는 팀장을 좋아할 리 없습니다. 악순환은 계속됩니다. 이런 상황이 깊어지면 팀원들은 팀장이 맡아서 하는 일이 잘 안 되기를 바라게 됩니다. 심지어 팀장이 일을 제대로 못해내면 좋아하는 지경에 이릅니다. 이런 상황에서 계속 회사가 잘되기를 기대할 수 있을까요?

애초 이런 일을 방지하려면 리더가 자기합리화의 덫에 빠져서는 안 됩니다. 대부분의 문제는 리더가 리더의 일을 하지 않을 때 일어납니다. 조직 구성원들의 응원을 받고 인터널 브랜딩이 잘되려면 리더가 자신이 해야 할 일에 최선을 다해야 합니다. 다른 사람의 단점을 찾아냄으로써 문제를 해결해서는 안 됩니다. 조직 구성원들이 우리 조직을 더 좋아하고 응원하게 만드는 것, 이것이야말로 리더가 해야 할 가장 중요한 일입니다.

'인사가 만사'라는 말이 있습니다. 그만큼 좋은 사람을 뽑는 것은 중요합니다. 하지만 어떤 사람이 과연 좋은 사람일까요? 와이씨 컬리지 역시 사업 초기에는 좋은 직원을 뽑는 데 역량을 집중했습니다. 하지만 중요한 걸 놓치고 있었습니다. '좋은 직원'의 확실한 기준이 없었습니다. 이력서가 들어오면 무난히 일을 잘할 것 같은 사람에게 면접 기회를 주었습니다. 면접에서도 특별한 질문을 준비하고 그 사람의 생각을 듣기보다, 우리와 잘 맞을 것 같은 사람을 찾아서 채용했습니다. 그런데 놀랍게도 분명 잘 맞을 것 같은 사람, 무난한 사람을 채용했는데, 그런 직원들이 오히려 저희와 오래 일하는 일이 드물었습니다. 무엇을 놓치고 있는지 고민하다 '좋은 직원의 기준'에 대해 다시 생각하기 시작했습니다.

와이씨 컬리지의 브랜드 가치는 '재미있는, 진심이 담긴 그리고 꿈을 이루는'입니다. 인터널 브랜딩을 잘하려면 브랜드 가치가 조직 구성원들에게 내재화되어야 한다고 했습니다. 그러면 처음부터 저희의 브랜드 가치와 맞는, 이에 공감해주는 직원을 뽑아야 합니다. 구글에서 발표한 자료에 따르면 애초부터 조직에 맞는 직원을 채용하는 것이 맞지 않는 직원을 뽑아서 재교육하는 것보다 비용이나 업무적인 측면에서 더 효과적이라고 합니다. 저희는 브랜드 가치에 맞추어 '저희가 원하는 사람'을 정의했습니다.

'즐겁게 일하며, 고객을 진심으로 대하고, 고객의 꿈을 이루는 데 도움을 준다는 사명감을 가진 사람.'

이제는 직원을 뽑는 명확한 기준이 생겼습니다. 얼마 전부터는 채용 단계에서부터 우리 브랜드에 적합한 사람을 찾는 데 집중하고 있습니다.

마지막으로 리더의 책임과 잘못에 대해 언급하려 합니다. 조직을 이끌어가는 데 리더의 역할은 매우 중요하며 브랜딩에서도 마찬가지입니다. 앞에서 언급한 '자기합리화'와 비슷한 맥락일 수도 있습니다. 학원이라는 업의 특성상 아무리 열심히 해도 수강생들의 컴플레인은 들어올 수밖에 없습니다. 그럴 때면 저도 모르게 강사를 탓하곤 했습니다.

부끄럽지만, '왜 저 강사는 수업을 못할까?', '강사는 우리 학원이 안 되길 바라는 건가?'라는 생각을 저도 모르게 하곤 했습니다. 이렇게 문제가 생겼을 때 남 탓만 하게 되면 제가 개선해야 할 일은 없습니다. 오로지 강사가 수업을 못한 것이니까요.

성공한 사업가들의 책을 읽다 보면 공통적으로, 빠지지 않고 나오는 이야기가 있습니다. '모든 게 내 탓이다'입니다. 한 줄의 문장이지만 여기에는 엄청난 힘이 존재합니다. 문제 해결을 위한 시선을 통제로 바꾸어버립니다. 아까처럼 학생들의 컴플레인이 들어올 때 강사 탓을 하면 제가 할 일은 없지만, 이걸 내 탓이라고 하는 순간 문제 해결 방안이 보이기 시작합니다. 강사를 채용한 것도 저고, 강사에게 적절한 수업 트레이닝을 하지 못한 것도 저고, 강사에게 적절한 동기부여를 하지 못한 것도 제 잘못입니다. 제가 해야 할 일이 많아지는 겁니다. 이제 저는 채용에도 더 신경써야 하고 강사들이 수업을 더 잘할 수 있도록 계속 도와야 합니다. 생각 하나만 바꿨을 뿐인데 효과적인 문제 해결 방법이 보이기 시작했습니다.

우리 브랜드에 맞는 사람을 찾고, 일을 잘할 수 있도록 돕는 것이 효과적인
인터널 브랜딩의 첫걸음입니다.
여러분의 브랜드 가치에 맞는 사람은 어떤 사람인가요? 이러한 사람을 찾
기 위해 어떠한 노력을 하고 있나요?

우리 브랜드와 일치하는 조직문화 만들기
: 인터널 브랜딩 2

우리 브랜드의 가치에 동의하는 사람을 뽑아야 하는 이유는 조직문화와도 깊게 연관됩니다. 조직문화에 대한 논의가 몇 년 전부터 부쩍 활발해지고 있습니다. 경직되고 보수적인 분위기에 가까웠던 대기업들이 최근 조직문화 개선에 신경을 많이 씁니다. 스타트업이나 작은 규모의 회사들 역시 자기들만의 조직문화를 강점으로 내세웁니다.

그렇다면 바람직한 조직문화란 무엇일까요?《하드씽》의 저자이자 벤처 캐피털리스트로 유명한 벤 호로위츠는《최강의 조직》이라는 책을 통해 조직문화의 중요성에 대해 이야기합니다. 그리고 문화가 정확히 무엇이냐는 질문에 "문화란 반려동물과 함께 출근하는 것을 허용하고 사내 휴게실에서 요가 교실을 여는 걸 말하나? 아니다. 그런 것은 직원복지 혜택이다"라고 답합니다. 복지와 문화는 다릅니다. 제가 조직문화에 관심 갖게 된 건 브랜딩 때문이기도 했지만, 조직문화가 좋은 회사는 같은 조건에서도 더 높은 매출이 나온다고 들었기 때문입니다. 문화가 기업의 엄청난 경쟁력이 될 수 있다는 것이죠. 조직문화를 어떻게 만들어가야 할지 고민하고 실행해보면서 다음과 같은 두 가지 전제를 써보게 되었습니다.

1. 조직문화는 자연스럽게 만들어지는 것이 아니라 조직의 목적에 맞게 만들어야 한다.
2. 조직의 '일 잘하는 법' 같은 문서는 조직문화의 중요한 기준이 된다.

조직문화는 물 흐르는 듯 흘러가는 대로 두면 생기는 것이 아닙니다. 조직문화는 처음부터 우리가 원하는 바를 정하고 거기에 맞추어 확립시켜 나가야 합니다. 우리가 명확히 원하는 것이 없다면 조직문화에 크게 신경쓸 필요가 없을지도 모릅니다. 하지만 저희는 '고객의 신뢰를 얻어서 팬을 만드는 것'이라는 목표도 또

렷하고 우리 브랜드의 가치도 있습니다. 기준이 없다는 건 조직이 가야 할 목표가 없다는 것입니다. 여행을 가더라도 목적지가 없으면 가장 효율적인 경로를 고민할 이유도 없겠죠.

조직문화 역시 우리 브랜드 가치에 기준을 두고 정해야 합니다. 사람들이 와이씨 컬리지라는 브랜드를 볼 때마다 우리 브랜드 가치인 '재미있는, 진심이 담긴 그리고 꿈을 이루는'이 떠올라야 합니다. 마찬가지로 와이씨 컬리지를 봐도 이곳은 '재미있고 진심으로 일하며 꿈을 이뤄가는 조직'이라는 생각이 들어야 합니다. 구성원들이 보다 즐겁게 일할 수 있는 주 4일 근무, 직원들이 조직에서 원하는 바를 이루기 위해 돕는 것, 진심 어린 조언 등은 와이씨 컬리지의 조직문화를 잘 만들어가기 위한 작은 노력입니다.

많은 회사가 '우리 조직의 일 잘하는 법' 같은 문서를 만들어서 구성원들과 공유합니다. 아무리 훌륭한, 좋은 생각도 말이나 글로 표현하지 않으면 다른 사람들의 행동을 촉구하기가 쉽지 않습니다. 조직문화 역시 직원들과 공유하는 노력이 필요합니다. 물론 말보다 글로 정리하는 것이 조직문화를 명확히 공유하는 데 더 도움이 됩니다. 저 역시 와이씨 컬리지를 운영하면서 우리가 기준으로 삼아야 할 지침을 말로만 표현하기보다 문서로 구성원들과 공유했을 때 훨씬 좋은 결과를 낼 수 있었습니다. '일 잘하는 법'을 만들 때 알아야 할 몇 가지를 정리해보았습니다.

1. 조직문화 또한 고객이 우리를 더 좋아할 수 있게끔 만드는 수단이다.
2. 브랜드 가치를 포함하고 있어야 한다.
3. 중의적 표현보다 직관적이고 쉬운 표현을 사용한다.
4. 조직 구성원뿐 아니라 리더를 위한 일 잘하는 법도 필요하다.

늘 강조하듯이 우리가 일하는 이유를 잊지 말아야 합니다. 조직문화 또한 내부고객인 직원과 외부고객인 소비자들이 우리를 더 좋아하도록 만드는 수단이어야 합니다. 와이씨 컬리지의 문화를 만들 때에도 단순히 최고 의사결정권자가 하고 싶은 이야기가 아니라, 고객만족을 위한 목표를 기준으로 삼았습니다.

다음으로는 브랜드 가치를 포함하고 있어야 합니다. 브랜딩은 일관되게 모든 곳에서 우리 브랜드 가치를 보여주어야 합니다. 우리가 어떤 사람을 좋아하는 것도 그 사람이 보여주는 일관된 행동이나 생각 때문 아닐까요? 마찬가지로 우리의 브랜드 가치를 지속적으로 알리며 우리 브랜드의 호감도를 높여가야 합니다. 이

때 중의적 표현보다는 직관적이고 쉬운 표현을 사용하는 게 중요합니다. 가령 '끊다'라는 표현은 두 가지 의미를 지니고 있습니다. '학원을 끊다'라고 하면 학원에 새롭게 다닌다는 의미도 되지만 학원을 그만둔다는 의미도 됩니다. 다양한 사람들이 행동 지침으로 삼아야 하는 문서를 만들 때에는 누구나 쉽게 이해할 수 있는 표현을 쓰는 것이 중요합니다.

아래는 '와이씨 컬리지에서 일 잘하는 법'을 정리해본 것입니다. 더 자세한 내용은 저희 홈페이지를 방문하시면 볼 수 있습니다.

〈와이씨 컬리지에서 일 잘하는 법〉

1. 우리는 대기업이 아니에요.

2. 정시 출근에서 정시 퇴근까지 지켜주세요.

3. 점심시간은 든든하게 꼭 챙겨요.

4. 개인적인 업무와 카톡은 출근 전, 퇴근 후에 해결해요.

5. 감정을 표현하는 대신 의견을 표현해요.

6. 여러분의 도전에 대한 책임은 와이씨 컬리지가 져요.

7. 솔루션 없는 불만만 갖게 될 때가 와이씨 컬리지와 이별을 고할 때예요.

또한 조직 구성원뿐 아니라 리더를 위한 '일 잘하는 법'도 필요합니다. 곰곰히 생각해보니 직원들에게 '일 열심히 해라'라는 식으로 말하기보다 대표가 일을 잘하는 방법을 써보는 게 좋겠다는 생각이 들었습니다. 실제 와이씨 컬리지의 일 잘하는 법을 정리한 후 조직 구성원들에게 일방적으로 따르라기보다, 리더가 해야 할 일에 관해 정리한 후 솔선수범할 때 직원들의 호응도가 더 높았습니다.

〈와이씨 컬리지 대표가 일 잘하는 방법〉

1. 와이씨 컬리지에서 생기는 모든 문제는 대표 때문이라고 생각한다. 설령 다른 요인이 있을 수도 있겠지만 대표 잘못으로 생각해야 문제를 해결할 수 있다.
2. 수강생이 없으면 와이씨 컬리지는 결코 존재할 수 없다는 것을 반드시 명심한다.
3. 업무를 부탁할 때는 반드시 업무의 의의를 함께 설명한다.
4. 경영상태에 관해 직원들과 강사들과 지속적으로 최대한 많이 공유한다.
5. 대표가 그 누구보다 가장 열심히 일해야 한다.
6. 대표는 지속적인 의사결정을 해야 하는 위치다. 올바른 의

사결정을 위해 꾸준히 공부해야 한다.

7. 70%의 데이터와 30%의 직관으로 신속히 의사결정을 한다.

8. 의사결정의 중요한 3가지 기준은 아래와 같다.

  – 와이씨 컬리지 수강생들의 영어실력이 가장 빨리 효과적으로 늘게 해서 그들의 꿈을 이루게 돕는 것이 우리의 할 일이다.

  – 와이씨 컬리지는 시장에서 가장 높은 점유율을 차지하는 것을 목표로 한다.

  – 와이씨 컬리지의 학습경험이 수강생들에게 의미 있는 추억이 될 수 있도록 최선을 다한다.

9. 와이씨 컬리지는 경쟁에서 살아남고 1위가 되는 것이 중요하다. 하지만 정직하고 윤리적인 방법을 선택해야 한다.

10. 대표는 직원을 성장시키고 회사를 성장시키는 결과를 반드시 만들어야 한다.

여러분의 조직에는 일 잘하기 위한 지침이 있나요? 리더를 위한 지침은요?

코로나19라는 위기를 극복하기 위해
영어학원이 한 일 3가지
: 우리가 할 수 있는 모든 일을 시도하고 있습니다

저는 성인 영어학원에서 마케팅을 담당하고 있습니다. 2019년 초만 해도 시장점유율을 만족할 만큼 높여가고 있었고, 그냥 모든 게 좋았습니다. 그러던 중 누구나 아는, 문제의 코로나19가 터졌습니다. 코로나 초기에 일주일 동안 학원 문을 닫으면서 전 직원과 했던 미팅이 아직도 생생히 기억납니다.

'길게 가지 않을 거다. 그냥 이번 일주일은 재충전을 하는 좋은 기회로 생각하자.'

우리의 예상은 완전히 빗나갔습니다. 1년을 훌쩍 넘긴 지금도 코로나는 여전히 많은 사람들을 괴롭히고 있습니다. 특히 코로나는 '성인 영어회화' 학원을 운영하는 우리에게 대단히 직접적인 타격을 미쳤습니다. 학원에 오는 대부분의 수강생들은 해외여행, 어학연수, 유학, 이민, 워킹홀리데이, 교환 학생 등의 목적으로 수업을 듣습니다. 하지만 외국에 갈 기회 자체가 무산되면서 학원에 와야 할 이유가 사라졌습니다. 더 가슴 아프게도, 코로나19가 터지기 전에 지점을 하나 더 오픈한 상황이었습니다. 그나마 다행인 건 코로나19가 터질 무렵 3호점 출점을 앞두고 있었는데 취소하게 되었다는 겁니다. 코로나 직전에 3호점을 오픈했다면 어땠을지 머리가 아찔해집니다. 어쩌면 이 책을 쓰지 못하고 다른 회사에서 일하고 있을지도 모르겠습니다.

여기까지만 읽으면 많은 분들이 '이 학원은 망했겠구나'라고 생각할 수 있겠지만 코로나가 터진 7, 8월의 여름방학에는 300명 가까운 수강생들이 마스크를 쓰고 수업을 들었고, 방학이 아닌 평달에도 200명에 가까운 수강생이 꾸준히 학원에 방문해주었습니다. 레벨과 지점에 따라 수강료가 다르긴 하지만, 인당 평균 35만 원 정도의 금액이니 어떻게 보면 잘 버티는 것처럼 보입니다. 하지만 문제는 '수익'입니다. 비싼 임대료와 인건비를 생각하면 결코 괜찮은 매출은 아닙니다.

그럼에도 이렇게 어려운 시국에 많은 수강생들이 마스크를 쓰고 오프라인 학원까지 꾸준히 와준 이유는 무엇이었을까요? 여러 가지가 있겠지만, 저희가 내린 결론은 '우리 브랜드의 팬들' 덕분이라는 거였습니다. 코로나 시기 정말 많은 책을 읽고 마케팅 강연을 다니면서 내린 결론도 마찬가지였습니다.

'사업을 지속 가능하게 성장시키는 것도 고객이고, 사업에 위기가 왔을 때 버티게 해주는 것도 고객이다.'

물론 누구나 알고 있는 이야기일 수 있습니다. 책만 펼치면 나오는 '고객중심' 사고일 수도 있습니다. 하지만 '지식'과 '실행'은 전혀 다른 영역입니다. 저희가 집요하게 집중한 건 '고객'이었습니다. 우선 와이씨 컬리지를 좋아하는 분들을 위해 팬클럽을 만들었습니다. 누군가에게 버킷 리스트가 될 수 있는 책 출판의 경험도 제공했습니다. 20대에 어떻게 살아야 할지 답을 찾기 위해 회사를 그만두고 세계일주를 한 후 책을 낸 작가의 강연도 진행했습니다. 수강생들에게 단순한 경험이 아니라, 경험을 통한 추억을 선사하고자 노력했습니다. 이런 노력이 진심으로 가닿은 것인지 꾸준히 와이씨 컬리지를 좋아해주고 사랑해주는 팬들이 생겼습니다.

아까 언급했던 고민 중 하나인 '수익'을 높이기 위해서는 다음

107

과 같은 노력을 했습니다.

1. 새로운 수익구조 만들기
2. 사업 확장
3. 조직문화 다시 만들기

어려운 상황에서는 새로운 수익구조가 필요했습니다. 그동안은 와이씨 컬리지라는 영어학원에 집중하기 위해 외부 강의나 마케팅 대행 업무를 최소한만 진행했습니다. 하지만 코로나가 터진 이후로는 수익을 높이기 위해서라도, 일의 범위를 선택할 수 있는 상황이 아니었습니다. 감사하게도 이전부터 마케팅 강의나 대행 의뢰가 꾸준히 있었기에, 제안받는 일들은 대부분 진행하기로 했습니다. 4200만 원짜리 대행 업무도, 2000만 원짜리 홈페이지 제작 업무 같은 일들도 맡았습니다. 마케팅과 브랜딩 강의도 거절하지 않고 대부분 진행했더니 예상치 못했던 곳에서 문의가 들어왔습니다. 최근에는 한 대학교에서 1000만 원짜리 창업교육 과정을 요청해와 진행하기도 했습니다. 수익성을 높이기 위해 시작했던 대행과 교육 업무가 이제 와이씨 컬리지의 중요한 수익원이 된 것입니다.

수익구조 확장은 사업의 확장으로 이어졌습니다. 예전부터 지인들이 성인이 아닌 초등학생을 위한 영어학원을 와이씨 컬리지가 해보면 좋겠다는 제안을 많이 해주었습니다. 저희도 동의하긴 했지만 성인 전문 와이씨 컬리지가 탄탄하게 돌아가고 있었기 때문에 본격적으로 해볼 생각은 없었습니다. 그러다 코로나19가 터지며 많은 업종이 타격을 받았습니다. 하지만 신기하게도 초등학생을 대상으로 한 학원들은 호황을 누리는 기현상이 생겼습니다. 아이들이 학교를 가지 못하니 학원을 보내지 않던 부모님들도 아이를 학원에 보내기 시작했습니다. 사업을 확장해야 할 타이밍이었습니다.

오랜 기간 동안 와이씨 컬리지에서 함께 일해온 원어민과 한국인 강사님들, 그리고 10년 가까이 진행해오면서 쌓은 노하우가 그대로 담긴 스피킹 커리큘럼이면 시장에서 높은 점유율을 차지할 수 있을 거라 생각했습니다.

아울러 제가 사업을 하면서 중요하게 생각하는 것이 있습니다.

'내 가족에게 당당히 권할 수 있을까?'

저는 두 딸을 키우고 있습니다. 초등학교 2학년과 4학년입니다. 원래도 자녀교육에 관심이 많았지만 교육 분야에서 오래 일하다 보니 우리 아이들을 어떻게 키워야 할지 늘 고민합니다. 너무도 빨리 변하는 세상에서 앞으로 우리 아이들은 지금은 존재조차 하지 않고, 상상할 수도 없는 직업을 가져야 할지 모릅니다. 그런 딸들에게 어떤 교육이 효과적일지 항상 생각했습니다. 어떤 직업을 갖더라도 사람들에게 인정받고 도움을 줄 수 있는 인재가 되었으면 좋겠다는 생각이 들더군요. 오래전 봤던 테드 영상에서 이에 대한 힌트를 얻었습니다. 결국은 '창의력'이었습니다. 획일적인 사고가 아니라, 남들과 다른 방식으로 문제를 바라보며 해결할 수 있는 원동력인 창의력을 키우는 것이 중요하다는 사실을 다시금 실감했습니다.

이 고민의 결과, 저희 학원에서는 월요일부터 목요일까지는 영어수업을 진행하지만 금요일 하루는 '프라이데이 크리에이티브 클래스Friday Creative Class'를 운영합니다. 금요일 수업의 이름은 '정답이 없는 수업'입니다. 사람들이 똑같은 생각을 하고 똑같은 행동을 하는 것은, 항상 '정해진 답'을 찾다 보니 저절로 생긴 습관입니다. 저는 제 아이들이 다른 생각을 하고 다른 관점에서 문제를 바라보는 습관을 기르면 좋겠습니다. '내 아이가 내 학원을 다니면 도움이 될까?'라는 질문에 대한 확신을 금요일 수업에서 찾았습니다. 결국 와이씨 컬리지 주니어의 차별점 3가지는 믿을 수 있는 강사진과, 입에서 진짜 영어가 나오게 만드는 스피킹 커리큘럼, 정답을 강요하지 않는 창의력 향상을 위한 '프라이데이 크리에이티브 클래스'로 정했습니다.

마지막으로 코로나19를 겪으며 조직문화에 대해 다시 고민하게 되었습니다. 아까도 언급했지만 최근 읽은 책 중에서 똑같은 제품이나 서비스를 갖고 있더라도, 조직 구성원들의 열정에 따라 매출이 최고 2배 차이가 난다는 내용이 있습니다. 곰곰이 생각해보면 틀린 말이 아닙니다. 최고의 마케팅 전략과 멋진 브랜드를 가지고 있어도 이를 실행하는 사람들은 결국 조직 구성원들이니까요.

고백하자면 와이씨 컬리지를 이끌면서 경영진의 기민한 전략과 실행력 덕분에 여기까지 올 수 있었다고 생각한 적도 많았습니다. 하지만 이건 어디까지나 저의 부족한 생각이었습니다. 직원들과 강사님들이 함께 열심히 뛰지 않았다면 결코 좋은 결과를 얻지 못했을 겁니다. 부끄럽게도 뒤늦게 이를 인지하면서 새로운 일을 진행할 때마다 구성원들을 충분히 설득하고 의견을 반영하기 시작했습니다. 조직문화에 대한 관점과 태도가 변하면서 긍정적인 결과로 돌아왔습니다.

코로나19를 극복하는 과정에서 이러한 3가지 노력을 통해 오히려 전년도(2019년)와 비슷한 매출을 유지할 수 있었습니다. 본의 아니게 브랜딩의 중요성을 다시 한 번 깨달은 시기가 된 셈입니다. 아울러 큰 깨달음이 하나 더 있습니다. 설령 최악의 외부적인 요인이 발생하더라도, 과거에 하지 않던 일을 시도하는 것이 큰 도움이 된다는 것입니다. 물론 그만큼 신중해야겠지만요.

'문제를 해결하기 위해 내가 할 수 있는 일을 다 해봤을까?'

앞으로 '브랜드'를 만들어가는 과정에서도 비슷한 질문을 해보려 합니다.

'우리 브랜드를 만들기 위해, 팬을 만들기 위해 내가 할 수 있는 모든 일을 다 해봤을까?'

다시 한 번 말하지만, 팬을 만드는 브랜드는 우리 브랜드가 가야 할 방향을 정하는 데 도움이 됩니다. 위기상황에서도 말이죠.

3장

팬에게 우리 브랜드를 알리는 방법

"아이스크림 사세요"라는 말보다 "집에 갈 때 아이들 먹을 아이스크림 사 가지고 가세요"라는 말이 더 정겹다.

어떤 이미지로 우리를 보여줄 것인가
: 브랜드 아이덴티티 비주얼

겉으로 보여지는 것만이 브랜딩의 전부가 아니라 했지만, 그럼에도 브랜딩에서 비주얼은 중요합니다. 쉽게 말하면 사람들에게 우리를 어떤 모습으로 보여줄지의 문제입니다. 브랜드를 사람이라 생각하면 좀 더 이해하기 쉬워집니다. 페이스북 창업자인 마크 주커버그는 항상 회색 티셔츠를 입고 다닙니다. 애플의 고故 스티브 잡스는 늘 청바지에 검은색 터틀넥을 입은 모습으로 공식석상에 섰습니다. 이 두 사람을 떠올릴 때 우리는 항상 같은 이미지를 연상하게 됩니다.

브랜딩을 할 때에도 이런 과정이 필요합니다. 소비자들에게 일관된 이미지를 보여주어 우리가 원하는 모습을 떠올리게 하는 겁니다. 즉 브랜드 정체성, 그중에서도 비주얼과 관련된 이야기입니다.

비주얼을 깊게 파고들면 신경써야 할 것들이 매우 많지만, 이 책의 브랜드 서클에서는 최소한의 내용만 다루고 있습니다. 바꾸어 말하면 적어도 이 정도는 해줘야 한다는 뜻입니다. 여기서는 브랜드의 대표 색상, 폰트 그리고 브랜드 가치를 이미지화하는 내용을 다루려 합니다. 사람으로 치면 어떤 스타일의 옷을 입을 거고, 주로 어떤 컬러를 입을 거라 정한다고 생각하면 됩니다.

어디나 그렇겠지만, 작은 기업이나 브랜드는 아무래도 예산에서 자유롭지 못한 편입니다. 브랜드 아이덴티티를 비주얼로 표현하려면 우선 '디자인'이 필요하고 이는 돈을 들여야 하는 전문적인 영역으로 이어지기에, 일단은 제품이나 서비스부터 잘 만들자고 이야기하는 업체들을 보게 됩니다. 하지만 아무리 제품이나 서비스가 뛰어나도 디자인 때문에 소비자들의 외면을 받는 경우가 적지 않습니다. 상품 상세 페이지도 마찬가지입니다. 좋은 제품이지만 상세 페이지가 제대로 된 이미지로 전달되지 못하면 매출로 이어지기 힘듭니다.

여기서 중요한 점은 반드시 예산을 많이 쓴, 돈을 많이 들인 디자인을 하자는 게 아니라는 겁니다. 최소한의 디자인 요건을 정해보자는 제안으로, 앞에서 말한 브랜드 가치와도 연관되어 있습니다. 즉 디자인을 고객과의 커뮤니케이션이라는 관점으로 접근하면 이해하기 쉽습니다.

1. 대표 색상
2. 대표 폰트
3. 브랜드 가치의 이미지화

먼저 우리 브랜드 대표 색상을 정해보겠습니다. 노란색을 떠올리면 어떤 브랜드가 떠오르시나요? 이것이 바로 브랜드 대표 색상이 하는 역할입니다. 일관된 색상을 사용해 소비자들의 마음속에 동일한 이미지를 남기는 것이죠. 이때 중요한 것은 우리가 정했던 브랜드 가치를 표현하는 색상이어야 한다는 겁니다. 색상은 저마다의 고유한 느낌이 있는데, 와이씨 컬리지의 대표 색상은 코랄입니다. 우리가 정한 3가지 브랜드 가치 중 '진심이 담긴'을 가장 잘 표현할 수 있다고 생각해서 정한 색상입니다. 일반적으로 열정을 표현할 때에는 레드를 많이 선택합니다. 여러분이 정한 브랜드 가치에 '열정적인'이 포함되어 있고 이 가치를 가장 중요하게 표현하고 싶다면 레드를 대표 색상으로 추천합니다. 색상이 갖는 의미나 느낌을 찾아본 후 브랜드 가치에 맞추어 선택하는 것도 좋은 방법입니다.

다음으로는 대표 폰트입니다. 대표 색상을 어떤 색의 옷을 주로 입을지 정하는 데 비유한다면, 대표 폰트는 어떤 스타일의 옷을 입을지 결정하는 일이라 생각하면 됩니다. 큰 회사처럼 자체 폰트를 만들면 가장 좋겠지만, 앞에서 말한 것처럼 예산의 문제가 발생합니다. 물론 와이씨 컬리지나 오쓰 식당 역시 자체 폰트가 없습니다. 대신 저희 브랜드에 가장 잘 어울릴 만한 폰트를 선택해 대부분의 디자인에 꾸준히 사용합니다. 저희 목표는 '와이씨 컬리지'라는 로고가 없어도 사람들이 우리 브랜드가 만든 디자인임을 느끼게 만드는 것입니다. 저희는 '산돌 네모니 2'라는 폰트를 유료로 구매해 사용하고 있는데요. 물론 이 또한 디자이너와 협의하여 우리가 중요하게 여기는 브랜드 가치를 전달하는데 적합한 폰트를 찾은 것입니다.

마지막으로는 시각화가 중요한 이유는 조직 구성원들끼리 브랜드 가치를 공유할 수 있기 때문입니다. 유튜브에서 현대카드 브랜딩에 관한 영상을 보다 얻은 아이디어입니다.

1. 조직 구성원들이 브랜드 가치에 관해 동일한 이미지를 갖게 된다.

2. 조직 구성원들이 브랜드 가치에 관해 다시 한 번 생각할 기
   회가 된다.
3. 마케터와 디자이너가 의사소통함으로써, 서로를 이해하는
   시간을 갖는다.

지금까지 우리 책에서 브랜드 가치는 텍스트로만 표현해 왔습
니다. 하지만 소비자와 커뮤니케이션을 할 때 텍스트로만 소통하
는 경우는 없습니다. 한 장의 이미지로도 얼마든지 브랜드 가치
를 표현할 수 있습니다. 오히려 텍스트보다 전달력이 크기도 합니
다. 무엇보다 블로그, 페이스북과 인스타그램이 등장하면서 이미
지로 손쉽게 메시지를 전할 수 있게 되었습니다. 고객 역시 이미
지를 통한 의사소통에 익숙합니다. 브랜드 가치만이 아닙니다. 맛
집을 알릴 때 과거에는 수많은 홍보 텍스트와 다양한 이미지를
활용했다면, 오늘날 인스타그램이라는 채널에서는 먹음직스러운
음식 사진 한 장으로도 충분히 맛집 방문을 유도할 수 있습니다.

와이씨 컬리지의 브랜드 가치 중 하나인 '재미있는'을 예로 들
어보겠습니다. 재미있다는 글을 보면 모두 비슷한 생각을 할 수
있습니다. 하지만 팀원들에게 '재미있는'을 표현하는 이미지를 찾
아오라고 하면 제각기 다른 이미지를 가져옵니다. 그리고 각자 가

져온 이미지 중에서 어떤 이미지가 우리 브랜드 가치를 가장 잘 표현하는지 의견을 모으다 보면, 조직 구성원들이 우리 브랜드 가치를 표현하는 동일한 이미지를 찾게 됩니다. 콘텐츠를 꾸준히 만들어야 하는 마케팅팀에게도 이미지를 선택하는 동일한 기준을 제공할 수 있게 됩니다.

이 과정에서 조직 구성원들이 브랜드 가치에 관해 다시 한 번 더 생각할 기회를 주게 됩니다. 한 번 들은 말을 토씨 하나 틀리지 않고 기억하는 사람은 거의 없을 겁니다. 브랜드 가치도 마찬가지입니다. 입사하자마자 브랜드 가치에 대한 설명을 듣고 자기 업무에 적용하는 것도 쉽지 않을 테고요. 브랜드 가치는 꾸준한 반복을 통해 구성원들에게 내재화될 수 있는데, 이미지를 찾는 과정은 모든 구성원들이 다시 한 번 우리 브랜드 가치를 고민하는 시간이 될 수 있습니다.

마케터와 디자이너의 의사소통으로 서로를 이해할 수 있는 시간이 된다는 이야기는 조금 협소한 주제처럼 들릴 수도 있겠지만, 실제 많은 회사의 고민 중 하나입니다. 마케터와 디자이너를 예로 들었지만 비디자이너와 디자이너 간의 소통 문제라 할 수 있습니다. 같은 목표를 갖고 일하지만 성격이 다른 영역에서 일하는 경우, 디자인이라는 결과물에서 부딪치는 일이 발생하는 것이죠. 이때 브랜드 가치를 시각화하는 작업은, 마케터와 디자이너가 디자인에 관해 동일한 시선을 갖는 기회가 됩니다. 예컨대 와이씨 컬리지의 브랜드 가치인 '꿈을 이루는'을 시각화하는 과정에서 서로가 어떤 의도로 이 이미지를 선택했는지, 이것으로 고객에게 어떤 메시지를 전달할 것인지 이야기하면서 서로를 이해하는 시간을 만들어가는 것이죠.

여러분의 브랜드 대표 색상과 폰트는 무엇인가요?
여러분의 브랜드 가치를 가장 잘 표현하는 이미지는 무엇인가요?

_____

_____

_____

_____

_____

_____

어떤 말로 우리를 표현할 것인가
: 브랜드 커뮤니케이션 아이덴티티 언어

여러분의 주위 사람 중에서 한 명을 떠올린 후, 그 사람만의 어투나 자주 쓰는 말을 생각해봅시다. 개인차는 있겠지만 비속어를 쓰거나 걸핏하면 부정적인 단어를 꺼내는 사람을 좋아하는 사람은 아마 없을 겁니다. 반면 긍정적이고 밝은 어휘를 즐겨 쓰며 상대방을 배려하는 말투를 가진 사람에게는 많은 이들이 호감을 느낍니다. 브랜드 역시 사람과 다르지 않습니다. 어떤 언어로 고객과 이야기할 것인가, 그럼으로써 어떤 사람처럼 보일 것인가, 바로 브랜드 커뮤니케이션 아이덴티티 중에서 언어에 관한 이야기입니다.

브랜드 언어가 중요한 이유는 비주얼과 다르지 않습니다. 브랜드의 동일한 모습을 꾸준히 고객들에게 보여줌으로써 그들에게 우리가 원하는 이미지로 각인시키는 겁니다. 이 자리에서 다룰 주제는 크게 두 가지입니다.

1. 브랜드 문장
2. 브랜드 언어 표현방식

여기서 말하는 브랜드 문장이란 말 그대로 우리 브랜드를 가장 잘 표현하는 문장입니다. 기존의 메인 카피나 브랜드 슬로건이 우리 브랜드를 잘 표현하고 있다면, 그냥 쓰면 됩니다. 제가 굳이 브랜드 문장이라는 단어를 택한 건 일단 문장 하나만이라도 만들어보자는 의도에서입니다. 이 책에서 이야기하는 브랜드 서클은 최소한의 요건을 담은 것이니, 나중에 시간적 여유가 된다면 브랜드 슬로건이나 메인 카피를 깊이 공부하여 만들어도 좋습니다. 브랜드 문장은 브랜드 가치를 담아도 좋고 우리가 추구하는 신념을 담아도 좋습니다. 우리가 가장 자랑스러워하는 장점을 담는 것도 괜찮습니다. 무엇이든 일단 해보는 게 가장 중요합니다.

와이씨 컬리지는 브랜드 문장을 '당신의 마지막 영어학원'으로 정했습니다. 저희가 브랜드 문장을 만든 방식은 매우 간단했습니다. 우리 브랜드를 가장 잘 설명하는 문장을 무작위로 뽑은 후 구성원들과 논의해 가장 적절한 것을 택했습니다. '당신의 마지막 영어학원'이라는 문장은 수강생들에게 좋은 커리큘럼과 신뢰할 수 있는 강사진을 통해 더 이상 다른 학원을 찾지 않아도 된다는 메시지를 가장 잘 표현할 수 있다고 생각해 채택했습니다. 와이씨 컬리지가 인생의 마지막 영어학원이 될 수 있음을 강조하기 위해, 대부분의 콘텐츠에 이 문장을 꾸준히 쓰고 있습니다. 학원에 오는 수강생들이 이 문장이 수강신청에 영향을 미쳤다고 이야기하는 걸 보면 효과는 있는 듯합니다.

제가 브랜딩을 담당하고 있는 오쓰 식당은 '매일매일이 축제'라는 의미에서 'Everyday Festival'이라는 브랜드 문장을 사용합니다. 고객들에게 항상 즐거운 경험을 제공하는 식당임을 알리고 싶었습니다.

간단하게 만들어보자고 했지만, 조금 더 자세한 설명을 듣고 싶은 분들을 위해 브랜드 문장을 만드는 실제 과정을 소개하겠습니다. 제가 브랜딩을 맡고 있는 '와이씨 컬리지 주니어'는 초등학생을 위한 영어회화 전문 학원입니다. 브랜드 문장을 만들기 전에 먼저 와이씨 컬리지 주니어의 브랜드 가치인 '영어를 즐겁게 배울 수 있는, 영어를 통한 멋진 미래를 약속하는, 문제 해결 능력을 키우는'의 의미를 되짚어보아야 합니다. 그리고 브랜드 가치에 포함되지는 않았지만, 브랜드 본질이나 미션 중에서 우리 브랜드를 잘 표현할 수 있는 문구를 고민해볼 필요가 있습니다.

먼저 브랜드 가치(영어를 즐겁게 배울 수 있는, 영어를 통한 멋진 미래를 약속하는, 문제 해결 능력을 키우는)를 잘 표현하는 문장을 만들어봅니다.

#영어를 즐겁게 배울 수 있는

- 영어 배우는 게 즐거울 수 있습니다.
- 영어 학습도 즐거워야 합니다.
- 우리 아이들이 즐겁게 영어를 배울 수 있는 곳.
- 노는 것만큼 영어를 배우는 것도 즐거울 수 있습니다.
- 영어 배우는 게 재미있어서 집에 안 간다고 할 수도 있습니다.

#영어를 통한 멋진 미래를 약속하는

- 영어를 한다는 것은 또 하나의 기회를 갖는다는 것입니다.
- 영어회화가 되는 우리 아이가 전 세계를 무대로 선택할 수 있습니다.

- 영어를 잘한다고 인생에 성공할 수는 없습니다. 하지만 가능성은 높여줍니다.

#문제 해결 능력을 키우는

- 공부를 잘하는 것도 중요합니다. 하지만 문제 해결 능력도 중요합니다.
- 결국 인생은 문제 해결의 연속입니다. 영어를 통해 문제 해결 능력을 키웁니다.
- 정해진 답이 없는 인생에 필요한 것, 문제 해결 능력.

그 후에 브랜드 본질 혹은 그냥 떠오르는 문장들을 적어봅니다. 물론 우리 브랜드를 잘 표현해야 합니다. 여전히 쓰기 힘들다면 다른 브랜드 문장을 참고해도 좋습니다. 그건 그것대로 연습이 되니까요. 당연히 그대로 베끼는 건 문제가 될 수 있습니다.

- 나의 첫 번째 영어학원
- 아이의, 아이에 의한, 아이를 위한.
- 우리 아이를 보낼 영어학원을 찾지 못해 직접 만들었습니다.

이런 식으로 종이에 적어놓고 어느 정도 문장이 쌓이면 이제 선택하면 됩니다. 의사결정권자나 담당자가 혼자 정해도 좋고, 조직 구성원들과 함께 고민해도 좋습니다. 세상에 정답은 없으니까요.

브랜드 문장을 정했다면 브랜드 언어의 표현 양식을 정해봅니다. 표현 양식을 정하는 이유는 고객들에게 우리 브랜드다운 언어로 꾸준히 말을 걸기 위해서입니다. 이는 브랜딩에서 '나다움'을 꾸준히 전하는 행위와 연결되어 있기도 합니다.

'당신도 영어를 잘할 수 있다'는 격려와 긍정의 말, 가급적 간결한 문장과 재미있는 표현 사용, 항상 즐겁게 영어를 배울 수 있다는 메시지 전달, 현학적이나 중의적이지 않은 이해하기 쉬운 단어 사용.'

위의 내용은 와이씨 컬리지가 콘텐츠를 '글'로 쓸 때 항상 기준이 됩니다. 우리 브랜드에서 콘텐츠를 만드는 팀원들에게는 항상 이런 기준을 토대로 글을 써달라고 부탁합니다. 글에서도 와이씨 컬리지다움을 꾸준히 표현하고 싶기 때문입니다. 역시 정답은 없습니다. 당연히 브랜드가 지향하는 바에 따라 각기 다른 기준이 만들어질 겁니다. 고객에게 전달하고자 하는 메시지도 다를 테고요. 무엇보다 우리 브랜드가 연상될 수 있도록, 우리 브랜드에 잘 어울리는 기준을 찾는 것이 중요합니다.

여러분의 브랜드 문장은 무엇인가요?
브랜드 언어의 표현 방식은 무엇인가요?

우리 팬과 어디서 이야기할 것인가
: 브랜드 채널과 소셜미디어

테슬라 CEO인 일론 머스크가 260만 명의 팔로워를 가진 자사 페이스북 페이지를 삭제한 적이 있습니다. 260만 팔로워는 마케팅을 하는 사람이라면 누구나 부러워할 수밖에 없는 어마어마한 숫자입니다. 하지만 그는 특별한 이유나 정치적 이슈가 있었던 것도 아니고, 그냥 내키지 않아서 페이지를 삭제했다고 밝혔습니다. 중요한 건 페이스북 페이지를 없앴다고 일론 머스크가 대중과 소통하는 채널이 없어진 것이 아니라는 겁니다. 그는 여전히 트위터를 통해 자신의 생각을 전하고 있습니다.

무작정 팔로워가 많다고 좋은 것도 아닙니다. 친구의 숫자보다 마음을 터놓을 수 있는 진짜 친구가 중요한 것처럼, 내 브랜드와 진심으로 소통하고 싶어 하는 진성 팔로워가 중요합니다. 그러려면 브랜드가 보다 편하게 이야기할 수 있는 채널을 택할 수 있어야 합니다.

무엇보다 요즘처럼 마음만 먹으면 온라인으로 소통할 수 있는 시대에는, 더욱이 채널의 성격에 따라 메시지의 성격도 변하는 시대에는 소비자들과 어떤 채널로 소통할지 정하는 것이 중요합니다. 쉽게 말하면 인스타그램, 페이스북, 블로그 등이 있으면 그중 어디에서 고객들과 더 잘 소통할 수 있을지를 생각해야 하는 것이죠. 이때 흔히 하는 실수가 있습니다. '요즘은 유튜브가 대세니 유튜브로 소통하자!' 완전히 틀린 이야기는 아닙니다. 그러나 더 중요한 건 내가 소통하고자 하는 고객이, 우리 브랜드의 타깃이 어느 채널에 더 많이 있는지 아는 것입니다. 아울러 우리 브랜드가 어떤 채널을 택했을 때 더 원활하게 소통할 수 있을지가 중요합니다.

와이씨 컬리지의 주요 타깃은 20대 초반의 여자 대학생입니다. 아시다시피 이 타깃에 밴드나 네이버 카페는 적합한 채널이 아닙니다. 현재 저희가 소통하는 주요 채널은 인스타그램입니다. 예전에는 페이스북 페이지를 주로 이용했지만 주된 고객이 인스타그램으로 옮겨가면서 저희도 그에 맞춰 변경했습니다. 물론 이 타깃은 유튜브도 즐겨 보지만, 우리 브랜드의 인력이나 리소스를 봤을 때 인스타그램이 더 적합하다는 결론을 내렸습니다. 만약 우리가 동영상을 만들 만큼 인력에 여유가 있고 출연자를 쉽게 섭외할 수 있다면 유튜브를 택했을 겁니다.

채널을 선택했다면 어떤 콘텐츠를 올려야 할지 자연스럽게 생각하게 될 겁니다. 저희는 최근부터 브랜드 서클에서 정했던 전문성, 정감성과 공감성을 기준으로, 그에 관한 이야기를 주로 올립니다. 인스타그램을 운영해보면 '좋아요'가 많이 나오는 경우는 주로 진짜 사람의 진짜 이야기를 올렸을 때입니다. 저희만 이런 건 아닐 겁니다. 많은 기업들이 고객과의 소통에서 대표, 직원 혹은 고객들의 사진이나 에피소드를 종종 활용하는 것도, 그러한 내용에 고객이 반응하기 때문입니다. 사람들은 아무래도 다른 사람들의 진짜 이야기에 더 관심을 보일 수밖에 없습니다.

이제 우리 브랜드를 알리기 위해 어떤 채널을 선택할지 고민해봅시다. 정답은 없습니다. 웨딩 관련업이라면 결혼정보를 제공하는 네이버 카페를 이용하면 보다 유리할 수 있습니다. 화장품 관련 업이라면 영상으로 표현되는 유튜브가 소통에 유리할 수 있습니다. 지역 기반의 오프라인 매장이라면 인스타그램이 유용할 수도 있습니다. 여러분의 타깃 고객, 주요 고객이 많이 모인 채널에서 시작하는 게 중요합니다.

여기에 한 가지 더하고 싶은 포인트는 '꾸준함'입니다. 아무리 멋진 브랜드 미션과 비전이 있어도 고객에게 꾸준히 인식시키지 않으면 의미가 없습니다. 오늘날 우리가 받아들이는 정보는 수십 년 전 사람들이 일주일에 얻는 정보의 양과 비슷하다고 합니다. 우리 브랜드를 인식시킨다 해도 그 기억이 오래가지 않는다는 거겠죠. 꾸준히 우리 브랜드의 존재를 각인시켜야 고객들이 구매할 때 우리 브랜드를 떠올릴 수 있지 않을까요? 우리의 목적은 팬을 만드는 것이니까요. 이 점을 기억하고, 시도해보지 않은 낯선 채널을 통해 말을 걸기보다 익숙한 채널에서 꾸준히 소통해보시기 바랍니다.

여러분의 고객은 주로 어느 채널을 많이 사용하나요?
어떤 채널을 선택해야 주어진 자원으로 잘 소통할 수 있을까요?

_____

_____

_____

_____

_____

_____

내 강의를 듣고 매출이
10배 올랐다는 수강생 이야기

감사하게도 이곳저곳에서 요청해주신 덕분에 마케팅과 브랜딩에 대한 강의를 꾸준히 하고 있다. 예전에 내 강의를 들었던 분이 강의를 듣고 매출이 많이 올랐다며 감사하다는 인사를 전해왔다. 순전히 내 강의만 듣고 매출이 10배 오를 수는 없다는 사실은 당연히 나도 알고 있다. 이렇게 잘되는 분들을 보면 공통점이 있다.

1. 상대방의 장점을 보고 배우려 한다.

잘된 누군가를 보면 항상 단점부터 찾으려는 사람들이 있다. 남이 잘된 건 그냥 운이 좋아서라 믿고 싶은 거다. 성공한 사람과 잘되는 회사의 단점만 찾으니 성공한 원인을 볼 수가 없다.

2. 알게 된 건 해본다.

지식이 아무리 많아도 실천하지 않으면 결과를 만들어낼 수 없다. 똑같은 일을 계속하면 똑같은 일만 생긴다. 행동으로 옮기지 않으면 정말 아무 일도 일어나지 않는다.

3. 주위 사람에게 고마워한다.

내 강의를 들은 덕분에 매출이 많이 올라서 고맙다고 남긴 고객의 댓글을 보면서 '이분은 다른 사람에게도 이렇게 대하겠구나'라는 생각이 들었다. 다른 사람을 대할 때 사소한 도움을 받아도 감사함을 표현하면, 다음에 더 큰 도움을 받을 가능성이 높아진다. 사업은 운이 좋아야 한다고 하지만, 주위 사람들에게 덕을 쌓으면 운의 확률도 높아진다고 믿는다.

사업이 어려운 줄 알면서도 하는 이유

사업은 어렵다. 그렇다. 어렵다.

첫 번째, 대부분의 사람들이 신제품을 내놓거나 가게를 오픈하면 사람들이 미친 듯이 줄 서서 사줄 것이라 기대하면서 사업을 시작한다. 그러나 현실은 그렇지 않다. 손님이 안 온다. 유튜브에서 보던 대박 아이템이나 줄 서는 맛집은 오픈하자마자 일어나는 일이 아니라는 걸 뒤늦게 깨닫는다. 뭐가 문제인지 이리저리 알아보다 마케팅 강의도 듣고 책도 보면서 열심히 공부한다. 그제야 매출이 일어나기 시작한다.

두 번째, 매출이 오르면 이제 직원을 한두 명 채용한다. 여기서 또 다른 지뢰가 터진다. 직원 관리하는 걸 배워본 적이 없어서다. 월급을 주면 직원이 알아서 척척 일할 줄 알았는데 현실은 전혀 다르다. 이제 직원과 어떻게 함께 일을 잘할 수 있는지 주변 사장님께 배우고, 노무사라는 직업의 사람들도 만나가며 어찌어찌 버티게 된다.

익숙해질 때쯤 세 번째 난관에 맞닥뜨린다. 늘 양말 한 짝만 없어지는 경험처럼 납득되지 않는 신기한 일들이 일어난다. 매출은 오르는데 내 통장에는 돈이 없고, 부가세 납부금액은 늘어나는데 대출금 총액은 연일 신기록 경신 중이다. 그제야 순이익을 관리하는 법을 고민한다. 강의를 듣고, 책을 읽고, 지인들을 만나면서 내 잘못을 깨닫는다. 그냥 매출만 올라간다고 순이익이 올라가는 건 아니었던 거다. 결국, 열심히 노력해서 순수익을 높인다.

네 번째, 사업이 왜 그렇게 힘들다고 하는지 깨닫는 사건이 터진다. 직원도, 회계 장부도, 나의 아이템도 모든 게 완벽한데, 코로나19가 터진다. 메르스도 있었고 사스도 있었고, 조류독감도 있었다. 그런데 주위를 둘러보면 되는 집은 이 와중에도 잘된다. 그래서 외부적인 악재에도 버틸 수 있는 방법을 또 고민한다. 우리를 좋아해주는 고객들, 팬이 있으면 외부적인 영향을 덜 받는다는 사실을 깨닫는다. 이제 충성고객을 더 열심히 관리한다.

이 모든 걸 다 해결하고 '모두 모두 행복하게 살았어요'라고 끝나면 사업은 힘든 게 아니다.

다섯 번째, 우리가 잘된다는 소문을 어디서 들었는지 경쟁자가 등장한다. 자본력 있는 경쟁자를 상대해야 하면 더욱더 힘들다. 앞서 언급한 충성고객들과 마케팅 비용을 더 높여서 경쟁을 버텨낸다. 경쟁자와 가격 프로모션을 벌이면 매출이 한시적으로 떨어질 수밖에 없다. 그러나 임대료와 인건비는 결코 변하지 않는다.

그다음으로는 누구나 한 번씩 경험하는 스토리다. '내가 얼마나 잘해줬는데'라는 동화가 등장한다. 오랜 시간 함께한 직원이 자기의 꿈과 미래를 위해 이직하거나 창업을 하겠다며 회사를 떠난다. 사실 나도 옛 사장에게 그랬으니 말릴 수도 없고, 겉으로는 잘되길 바란다고 이야기했지만 집에 와서 소주를 마시고 잔다. 이런 날은 와인보다 쓰디쓴 소주가 잘 어울린다.

이러한 어려움이 무한 반복되는 것이 사업이다. 다시 처음으로 돌아가자면 사업은 어렵다. 하지만 누군가의 문제를 해결해주고 사회에 긍정적인 영향을 미칠 수 있다는 매력 때문에 나아갈 힘을 얻는다. 그러는 동안 내 인생에 사업과 브랜드가 남는다.

4장

우리만의 팬을 만들다

'외식업은 건전한 다단계다.' 《장사의 신》을 쓴 우노 다카시가 한 말이다. 만족한 고객이 지인들에게 구매를 권하는 것은, 외식업뿐 아니라 모든 사업에 해당되지 않을까. 요즘 오쓰 식당을 하면서 가장 듣기 좋은 말은 "전에 왔는데 좋아서 친구랑 다시 왔어요"이다.

여러분의 브랜드 팬은 누구인가요?

강의를 하거나 브랜드 컨설팅을 하면서 "여러분의 브랜드는 팬이 있나요?"라고 종종 묻습니다. 자신 있게 그렇다고 이야기하는 분들도 계시지만 머뭇거리는 분들도 있습니다.

팬이 없는 브랜드는 없습니다. 설령 단 한 명이라도 팬은 있을 테니까요. 다만 선뜻 답을 못하는 이유는 우리 브랜드의 팬이 정확히 누구인지 모르기 때문입니다. 제가 추천하는 방법은, 먼저 누가 우리 브랜드의 팬이 되면 좋겠는지 정의해보라는 겁니다.

와이씨 컬리지 브랜드 팬 : 6개월 이상 우리 수업을 들은, 와이씨 팬클럽 가입자

오쓰 식당 브랜드 팬 : 오쓰 식당을 좋아하며 기꺼이 오쓰 식당 팬클럽에 가입한 고객
와이씨 컬리지 주니어 팬 : 학부모들 중에서 우리 학원을 한 명 이상에게 소개한 분들

제가 운영하는 브랜드가 정의한 '브랜드 팬'입니다. 이렇게 정의해두면 누군가 브랜드 팬이 있냐고 물어봤을 때 당당히 대답할 수 있습니다. 몇 명인지도 이야기할 수 있습니다. "올해 몇 명의 팬을 만들기 원하시나요?"라는 질문에도 답할 수 있습니다. 하고자 하는 일을 정의하면 보다 손쉽게 진행되기 마련입니다. 브랜드 팬을 각각의 기준에 맞추어 정의하는 것도 이를 위해서입니다.

와이씨 컬리지나 오쓰 식당은 팬클럽이 있습니다. 영어학원과 식당이 무슨 팬클럽이냐고 생각할 수도 있겠지만 의외로 많은 브랜드들이 팬클럽을 운영하고 있습니다. 여러분이 잘 아는 배달의민족은 배짱이, 러쉬는 젤러쉬라는 브랜드 팬클럽이 있습니다.

샤오미라는 브랜드의 성공 요인으로 많은 이들이 가성비를 이야기합니다. 물론 성공 요인을 하나로 규정하기는 어렵지만, 저는 샤오미가 가성비뿐 아니라 든든한 브랜드 팬이 있었기에 빨리 성장할 수 있었다고 생각합니다. 보조 배터리, 스마트폰 등 많

은 전자제품을 파는 샤오미는 '미펀'이라는 팬클럽을 가지고 있습니다. 회사 창립기념일에는 '미펀제'라는 이름으로 팬들이 모여서 파티도 엽니다. 이게 전부가 아닙니다. 미펀이 하는 진짜 일은 샤오미 제품이 출시되면 성의껏 피드백도 주고 좋은 아이디어도 제안하고 자발적으로 브랜드를 다른 지인들에게 알리는 것입니다. 샤오미가 잘되길 간절히 바라는 사람들입니다.

할리 데이비슨이라는 오토바이 브랜드를 길에서 보신 적이 있을 겁니다. 타보지는 않았어도 이름은 알고 있을, 많은 이들의 사랑을 받는 오래된 브랜드입니다. 전 세계 사람들이 문신으로 가장 많이 새기는 단어가 '엄마mom'라고 합니다. 그런데 두 번째로 문신을 많이 하는 단어가 '할리 데이비슨'이라고 합니다. 몸에 문신을 새긴다는 것이 누구에게나 쉬운 결정은 아닐 겁니다. 그중에서도 브랜드 이름을 본인 몸에 새긴다는 건 정말 놀랍고 놀라운 일입니다. 그만큼 이 브랜드에 애정이 있다는 뜻이겠죠. 할리 데이비슨 역시 '호그'라는 팬클럽이 있습니다.

브랜드 팬이 있으면 좋겠다는 분들을 만나면, 저는 반드시 팬클럽을 만들어보라고 권유합니다. 그럴 때마다 듣는 대답은 거의 비슷합니다. "팬클럽은 큰 브랜드나 만들 수 있는 거 아니에요?" "기껏 만들었더니 2명만 지원하면 어떡하죠?"

와이씨 컬리지나 오쓰 식당은 결코 큰 브랜드가 아닙니다. 그럼에도 팬클럽이 있죠. 당연히 누구나 팬클럽을 만들 수 있습니다. 물론 브랜드 팬클럽을 모집했는데 2명밖에 오지 않으면 실망하거나 민망할 수 있습니다. 하지만 과정 없는 결과가 있을까요? 지금 100만, 200만 구독자를 가진 유튜버들도 처음에는 구독자 수가 한 명, 2명, 3명이었을 겁니다. 처음부터 10만 구독자로 시작할 수는 없습니다. 어쩌면 2명의 팬이 있다는 사실도 놀라운 일입니다. 우리가 연예인도 아닌데 기꺼이 브랜드 팬이 되겠다니, 얼마나 감사한 일입니까?

물론 모든 업종이 팬클럽을 만들기 적합하지는 않습니다. 앞에서 언급한 와이씨 컬리지 주니어도 성격을 고려해 학부모를 대상으로 팬클럽을 따로 만들지는 않았습니다. 그냥 우리가 생각하는 팬의 정의만 명확히 했을 뿐입니다.

팬을 정의했다면 그다음에 할 일은 목표하는 팬의 수를 정하는 것입니다. 목표가 없으면 그냥 열심히 합니다. 하지만 목표가 명확하면 내가 무엇을 해야 할지 방법이 보입니다. 만일 올해 우리 브랜드의 팬을 많이 만들겠다는 목표가 있다면, 그냥 열심히 합니다. 하지만 올해 우리 브랜드를 사랑해주는 팬을 120명까지

만들겠다는 목표가 있으면, 한 달에 10명씩 팬을 늘려야겠다는 구체적인 목표와 방법이 보입니다. 브랜드 팬을 더 많이 확보하기 위해 고민하는 동안 생각지 못한, 긍정적인 변화를 느낄 수도 있습니다. 매출 상승을 위해서는 매출을 높이는 방법을 고민해야 하지만, 팬클럽을 더 많이 확보하기 위해서는 고객에게 진심으로 감동을 줄 방법을 고민하게 됩니다.

여러분 브랜드의 팬은 누구인가요? 올해 팬이 몇 명이 되기를 바라시나요?

"우리 브랜드의 팬이 되어주세요"

팬을 만드는 일, 브랜드 팬덤에 대해 다른 시각으로 보는 분들도 있습니다. 단순히 매출을 높이기 위한 수단이거나 나의 목적을 위해 고객들을 '이용'한다고 보는 것이죠. 100% 틀린 말은 아닐 수도 있습니다. 브랜드의 팬클럽을 이벤트성 기획이나 브랜딩을 하기 위한 통과의례처럼 접근하는 기업도 있긴 할 겁니다. 하지만 제가 말하는 팬덤은 고객에게 진심으로 감사하고 고객을 돕는 과정에서 고객이 우리를 좋아해주는 것, 즉 자발적인 팬이 되는 것을 이야기합니다.

'고객에게 진심으로 감사하자'는 말 자체가 조금 어색하게 들릴 수도 있습니다. 물론 브랜드를 선택하는 것도 고객이고, 수익을 주는 분들도 고객이지만 진심으로 감사하기란 좀처럼 쉽지 않습니다. 저 역시 머릿속으로 이해는 했지만 진심으로 감사하는 마음을 갖는 게 쉽지는 않았습니다.

제 경우 와이씨 컬리지에서 직접 신규 수강생 오리엔테이션을 진행했는데요. 그때 가장 먼저 하는 일이 수강생들에게 허리를 굽혀 인사드리는 일입니다.

"먼저 많은 영어학원 중에서 와이씨 컬리지를 선택해주셔서 감사드립니다. 저는 와이씨 컬리지 마케팅팀을 맡고 있는 문영호라고 합니다. 저는 여러분이 낸 수강료로 와이프와 두 딸이 생활할 수 있는 월급을 받아갑니다. 진심으로 여러분께 감사드립니다. 여러분이 우리 학원에서 수강하시는 동안 최선을 다해 영어실력이 향상될 수 있도록 돕겠습니다. 언제든 수업과 관련해 불편한 상황이 있으면 오셔서 알려주십시오. 다시 한번 여러분께 진심으로 감사드립니다."

우리 직원들이 이 모습을 보면서 제가 하는 행동을 어떻게 생각했을까요? 아마도 진심이 아니었을 거라고 생각했을 겁니다. 솔직히 말씀드리면 100% 진심은 아니었습니다. 고객에게 진심으로 감사해야 한다고 해서 최선을 다해 이야기했을 뿐입니다. 하지만 이를 반복하다 보니 조금씩, 진심으로 바뀌게 되었습니다. 백종원 대표가 이런 말을 한 적이 있습니다. 착한 척하다 보니 진짜 착한 일을 하게 되었다고요. 말의 힘은 정말 무섭습니다. 입으로 소리 내어 '진심으로 고객에게 감사한다'고 꾸준히 말했더니 그 마음이 진짜가 되기 시작했습니다. 고객에게도 이 이야기를 하고, 주변 지인들을 만나도 '고객 덕분에 먹고살아서 감사하다'는 말을 늘 하고 다녔습니다.

브랜드 팬을 만드는 것도 마찬가지입니다. 우리 브랜드의 팬을 만들고 싶다면 먼저 고객에게 진심으로 감사하는 마음을 가져야 합니다. 우리가 먼저 고객을 진심으로 대하지 않는데, 고객이 우리 브랜드를 진심으로 좋아할 이유가 있을까요? 물론 이런 말을 하는 게 처음에는 괜히 부끄럽고 어색할 수 있습니다. 주위 사람들이 놀릴 수도 있습니다. 하지만 처음이 어려울 뿐입니다. 한번 이야기를 꺼내고 계속하다 보면 바뀌어가는 본인의 모습을 확인할 수 있을 겁니다.

오늘부터 시작해보길 권합니다. "우리 브랜드를 선택한 고객에게 진심으로 감사하다"고 말해보시길요. 고객에게 이야기하고 지인들에게도 이야기하고, 인스타그램에도 올리고 유튜브에도 올려보시길 권합니다. 이렇게 하다 보면 고객은 여러분의 진심을 알아주게 될 겁니다. 진심은 만들어가는 것입니다. 마치 브랜드의 팬처럼요.

경험을 넘어 '추억'을 선물하는 일

물론, 진심을 전하고 "우리 브랜드의 팬이 되어 주세요"라는 한마디로 팬을 만들기란 쉽지 않습니다. 거의 불가능하다고 봐도 좋습니다. 세상 대부분의 일이 그렇듯, 팬을 만드는 데도 기브 앤 테이크Give & Take가 기본입니다. 먼저 내가 제공해야 원하는 것을 얻을 수 있습니다. 브랜드가 고객들을 위해 아무런 노력도 하지 않는데 팬을 얻을 수는 없겠죠. 오쓰 식당의 팬클럽이 되면 항상 10% 할인을 받을 수 있고 팬클럽만 먹을 수 있는 특별 메뉴를 제공합니다. 신메뉴가 나오면 무료 시식의 기회도 있습니다. 와이씨 컬리지의 경우도 수강 시 더 많은 할인을 받을 수 있고 미니 클래스나 파티에 무료로 참가하는 혜택이 주어집니다.

하지만 '차별화'만으로 고객의 선택을 받을 수 없는 것처럼, 혜택을 제공하는 것만으로 팬클럽을 유지할 수는 없는 일입니다. 단발성으로는 가능할 수 있겠죠. 진짜 고민해야 할 포인트는 '팬들에게 어떤 특별한 추억을 줄 수 있는가?'입니다. 노벨경제학상을 수상한 대니얼 카너먼 교수는, 사람들은 '단순한 경험'이 아닌 '경험을 통한 추억'을 통해 물건을 구매하게 된다고 이야기했습니다. 브랜드가 팬클럽을 만들고 유지하려면 단순히 멋진 경험을 넘어 꾸준히 멋진 추억을 제공하는 것이 중요합니다.

와이씨 컬리지는 분명 영어를 가르치는 곳입니다. 하지만 수강생들에게 영어를 잘 배웠다는 경험을 넘어서 추억을 제공하기 위해 노력했습니다. 와이씨 컬리지의 본질은 누군가의 '꿈을 이루어주는 곳'입니다. 이와 관련해 수강생들에게 직접적인 도움을 주고자 여러 가지 시도를 했습니다. 수강생의 대부분인 20대는 하루하루 즐겁게 살기도 하지만, 미래에 대해 고민이 많은 시기이기도 합니다. 내가 지금 미래를 잘 준비하고 있는지, 무엇을 해야 하는지 생각이 복잡해지는 때이기도 하고요. 이를 돕고자 20대부터 다양한 일을 해온 와이컨설팅에듀 배윤주 대표를 초청해 강연을 진행하기도 했습니다. 세계 일주를 하고 온,《답은 나였다》를 쓴 김성환 작가님의 강연을 주최한 적도 있고요. 세계를 여행한 것이 중요한 게 아니라. 20대에 본인이 만든 버킷 리스트 중 하나인 세계 일주를 진짜 하고 돌아왔다는 데 주목했습니다. 수강생들이 자신의 인생에서 하고 싶은 것을 리스트로 만들어 하나씩 이뤄 가면 의미 있겠다는 생각에, 작가와 함께 버킷 리스트를 만드는 시간을 가졌습니다. 엄청난 이벤트는 아니지만, 저자의 강연을 듣거나 버킷 리스트를 만드는 것이 영어학원에서 흔히 할 수 있는 경험은 아닐 겁니다.

이러한 관점에서 고객들에게 어떤 추억거리를 제공할지를 늘 고민합니다. 한 번은 수강생들 이름이 들어간 책을 출판한 적도 있습니다. 누군가에게는 살면서 본인 이름으로 책을 내는 것이 일생의 꿈일 수도 있지만, 결코 쉬운 일은 아닙니다. 많은 양의 원고를 써야 하고 출판사와 뜻이 맞아야 하니까요. 하지만 윤들닷컴 대표님의 도움을 받아 와이씨 컬리지의 수강생 여러 명이 함께 책을 출판하는 프로젝트를 했습니다. 여러 명이 나누어 쓰니 글을 쓰는 부담도 줄어들고 자가 출판 플랫폼을 이용해 비교적 손쉽게 출판할 수 있었습니다. 이 프로젝트에 참여했던 수강생들은 영어를 공부하러 왔다가 작가가 된 셈입니다. 이분들에게 와이씨 컬리지는 단순히 영어를 배운 학원이 아닌 추억의 일부가 되어버렸습니다.

고객에게 추억을 제공하면 팬이 됩니다. 팬에게 추억을 제공하면 우리 브랜드를 더 열성적으로 지지하는 팬이 됩니다. 와이씨 컬리지를 운영하면서도, 오쓰 식당을 운영하면서도, 머릿속을 떠나지 않는 고민이 어떤 추억거리를 제공할 것인가입니다. 오쓰 식당에는 밥을 먹고 계산할 때 휠을 돌려서 '100% 할인'이라는 스폿을 맞히면 말 그대로 전액 할인을 받을 수 있는 이벤트가 있습니다. 이런 이벤트를 왜 하냐고 묻는 분도 있습니다. 우리가 원하는 건 '다른 곳에서 할 수 없는 추억'을 만드는 일입니다. 맛있게 밥을 먹었는데 갑자기 100% 할인을 받아서 공짜로 먹은 경험은 쉽게 지워지지 않는, 유쾌한 추억이 될 테니까요.

우리 고객이 왜 우리 브랜드의 팬이 되어야 하는지, 그들에게 어떤 혜택을 줄 수 있을지 고민해보시길 바랍니다. 아울러 어떤 추억을 고객의 마음속에 남겨야 할지 생각하고 또 생각해야 합니다. 고객에게 혜택만이 아닌, 좋은 경험을 넘어 멋진 추억을 남길 수 있는 브랜드라면 꾸준히 팬을 늘려갈 수 있을 것이고, 오래가는 브랜드가 될 테니까요.

팬클럽 채널 만들기

심리학자 매슬로우가 이야기한 인간욕구 5단계에 대해 많이 들어 보셨을 겁니다. 1단계는 생리적 욕구이며, 2단계는 안전의 욕구입니다. 3단계는 팬클럽과 관련된 애정과 소속의 욕구입니다. 인간은 사회적 동물입니다. 소속된 집단에서 소통을 원하는 건 인간의 아주 기본적인 욕구 중 하나입니다. 브랜드를 좋아하니 팬이 되긴 했지만, 브랜드 팬클럽에 가입하는 이유는 조금 다릅니다. 브랜드도 좋지만 소속감을 갖고 그 안에서 소통하길 원하는 것입니다.

와이씨 컬리지나 오쓰 식당은 팬클럽 소통을 위해 카카오톡 단체 채팅창을 이용합니다. 당연히 카카오톡이 모두에게 좋은 수단은 아닐 겁니다. 인스타그램, 네이버 카페 혹은 페이스북 그룹도 좋은 방법이 될 수 있습니다. 늘 이야기하듯 정답은 없습니다. 여러분의 팬들이 편하게 그리고 활발하게 참여할 수 있는 채널을 선택하면 됩니다.

오쓰 식당이 팬클럽 소통을 위해 카카오톡을 택한 이유는 첫째, 대한민국 소비자들이 가장 많이 쓰는 메신저 중 하나이고 쉽게 참여가 가능하기 때문입니다. 둘째, 실시간 소통이 가능하기에, 즉각적으로 대화가 이어질 수 있습니다. 팬클럽 분들이 예약을 신청하면 바로 확인하면서 대화를 이어나갈 수 있습니다. 마지막으로 제가 가장 좋아하는 점인데, '선물하기'가 가능하다는 겁니다. 앞서 말씀드린 대로 좋은 관계를 만들어가려면, 먼저 무언가를 제공해야 합니다. 오쓰 식당에서는 특별한 이유 없이 일주일에 한두 번씩은 팬클럽 방에 커피나 라면을 선물합니다. 우리 브랜드의 존재를 각인시키고 브랜드 팬이 되어주신 데 대한 감사의 표현입니다.

물론 단점도 있습니다. 소수가 대화를 독점하는 일도 당연히 일어납니다. 너무 많은 카톡이 쌓이다 보니 피로감으로 이탈하는 팬이 생기기도 합니다. 네이버 카페나 페이스북 그룹과 달리 단순히 시간 순서로 대화가 나열되다 보니 나중에 내용을 확인하는 데에도 어려움이 있습니다. 하지만 모든 일이 단점과 장점이 있을 수밖에 없으니, 양쪽을 잘 따져본 후에 팬들이 쓰기에 조금 더 편한 것을 선택하면 됩니다.

팬클럽의 소통 채널을 정했다면, 어떤 내용으로 꾸준히 소통할지 생각해야 합니다. 현재 진행 중인 오쓰 식당 팬클럽을 사례로 들어보겠습니다.

첫째, 우리 브랜드에 관한 새로운 이야기를 가장 먼저 전합니다. 오쓰 식당 인스타그램 계정은 팬클럽 분들도 다른 고객들도 함께 보실 수 있습니다. 여기에도 오쓰 식당에 관한 이야기가 올라오지만 팬클럽 단체 카톡방에 새로운 소식을 가장 먼저 알립니다. 신메뉴에 관한 이야기, 영업시간 변경 등 누구보다 먼저 정보를 얻을 수 있는 공간이 됩니다. 우리를 가장 좋아해주는 분들에게 브랜드 소식을 먼저 공유하고 싶다는 마음으로 소통하고 있습니다.

둘째, 신메뉴에 관한 아이디어를 묻고 피드백을 받으면서 소통합니다. 작은 식당에서 신메뉴를 얼마나 자주 내길래 꾸준히 소통할 수 있느냐고 묻는 분들도 있습니다. 세계적인 브랜드인 스타벅스도 버거킹도 고객들에게 더 나은 제품을 제공하기 위해, 꾸준히 신메뉴를 출시하고자 노력합니다. 그렇다면 훨씬 더 작은 오쓰 식당은 더 많은 노력을 해야 한다고 믿습니다. 오쓰 식당에서는 한 달에 한 개 정도의 신메뉴를 만들고 있는데, 오쓰 식당 구성원으로만 진행하고 있지 않습니다. 팬들에게 신메뉴 소식을 알리고 무료로 시식할 수 있는 기회를 제공합니다. 피드백도 받습니다. 이런 과정을 거치며 자연스럽고 꾸준하게 이야기를 이어나가고, 이렇게 출시된 신메뉴는 팬들의 관심을 더 많이 받을 수 있습니다. 스스로 메뉴 개발에 참여한 것이니까요.

셋째, 앞서 말한 대로 그냥 '선물하기' 기능으로 소통을 하기도 합니다. 항상 끊임없이 대화가 이어질 수는 없습니다. 어느 날은 팬들의 이런저런 이야기들로 채팅창이 시끄럽기도 하지만 그렇지 않을 때도 있습니다. 그럴 때는 선물이 소소한 이야기를 나눌 수 있는, 대화의 시작이 되기도 합니다.

여러분의 브랜드 팬은 어떤 사람인지 정의할 수 있나요?
여러분의 브랜드 팬에게 어떤 혜택을 제공할 수 있나요?
어떤 추억을 만들어줄 수 있을까요?
여러분의 브랜드 팬클럽은 어디에서 어떻게 소통할 계획인가요?

이제는 실행할 시간입니다

브랜드 서클은 처음에 말씀드렸듯 팬을 만들기 위한 최소한의 로드맵입니다. 우리가 여행을 가기 위해 여행 계획을 세우는 것처럼, 브랜드 서클은 계획표의 역할을 합니다. 하지만 아무리 여행 계획을 잘 세워도 여행을 가지 않으면 의미가 없습니다. 마찬가지로 브랜드 서클도 실행하지 않으면 아무런 의미가 없습니다. 직접 만들어보셔야 합니다.

첫째, 브랜드 서클을 완성함으로써 우리 브랜드가 해야 할 일을 명확히 정하십시오.

둘째, 완성된 브랜드 서클을 조직 구성원들과 공유하십시오. 브랜드 서클을 만드는 첫 단계부터 조직 구성원과 함께하는 것이 가장 좋습니다.

셋째, 무조건 팬클럽을 모으세요. 처음 팬클럽이 3명이어도 5명이어도 상관없습니다. 일단 실행해보는 것이 가장 중요합니다. 100만 유튜버들도 처음에는 한 명으로 시작합니다. 누구나 시작은 같습니다. 대신 원하는 팬클럽 숫자를 달성하기 위해 오로지 고객들에게 어떻게 하면 더 잘할지를 고민해야 합니다.

마지막으로 팬을 만들기 위한 방법 하나를 더 이야기하겠습니다.

"측정할 수 없으면 관리할 수 없고 관리할 수 없으면 개선시킬 수 없다."- 피터 드러커

개인적으로 무척 좋아하는 문구입니다. 사업을 하다 보면 '과연 우리가 지금 잘하고 있나?'라고 스스로에게 질문할 때가 있습니다. 하지만 내가 하는 일인데도, 쉽사리 답할 수 없는 경우가 많습니다. 특히 객관적인 목표가 없으면 더욱 그렇습니다. '잘한다'의 기준이 명확하지 않은 거죠.

이때 매출이나 순이익 같은 숫자나 앱 다운로드나 가입자 수와

같은 객관적인 지표는 대답을 조금 더 수월하게 해줍니다. "나는 매출 1억에 순이익 20%를 목표로 삼았는데 지난달에 달성했으니 잘하고 있는 것 같습니다" 내지는 "앱 다운로드 수 목표가 30만인데 이번 달에 무난하게 넘길 것 같습니다. 현재는 잘하고 있다고 생각됩니다"처럼 명확히 표현할 수 있습니다.

"여러분의 회사는 브랜딩을 잘하고 계시나요?"

이런 질문 또한 대답하기 쉽지 않습니다. 잘하는 것 같기도 하고 못하는 것 같기도 하고, 객관적인 지표가 없으니 선뜻 답할 수 없습니다. 브랜딩은 매출처럼 객관적인 지표나 수치가 없으니 더욱 애매합니다.

저 또한 이런 고민이 있었습니다. 그러다《팬 베이스》(사토 나오유키 지음)라는 책에서 멋진 측정방법을 알게 되었습니다. 마케팅 디자인 회사인 트라이벌 하우스에서 집계하는 '열광지수'입니다. 열광지수는 아래의 질문을 통해 소비자들이 브랜드에 '열광하는 정도'를 알아내는 방법입니다.

Q: 당신에게 ○○○(브랜드명)은 어떤 '존재'인가?

1. 별생각 없다.

2. 나쁘지 않다고 생각한다. (적당히 만족)

3. 좋아한다.

4. 애착을 느낀다. (행복을 느낌)

5. 푹 빠졌다. (홀딱 반함)

이런 식의 측정방법으로 '이 브랜드가 좋다 혹은 좋지 않다'를 넘어서서, 보다 자세한 브랜드 애정도를 확인할 수 있습니다. 저는 새로운 지식을 알게 되면 직접 해봐야 하는 성격이기에, 바로 실행해보았습니다. 와이씨 컬리지는 매달 수강생들에게 피드백을 받는데 '열광지수'를 함께 물어본 것이죠. 제 기억이 맞다면 처음 와이씨 컬리지의 수강생들이 준 평균 점수는 3.8점이었습니다. 생각보다 높은 점수였습니다. 성인 영어학원인데, '좋아한다'는 3점을 넘어서 '애착을 느낀다(행복을 느낌)'에 가까운 점수니 만족스러웠습니다. 하지만 목표는 우리 브랜드에 대해 '푹 빠졌다(홀딱 반함)'는 반응을 듣는 것이므로 여기에 안주할 수 없었습니다.

이렇게 객관화된 지표로 평가하니 팀원들과 이야기하기도 편해졌습니다. 예전에는 "브랜딩을 열심히 하자" 혹은 "고객들이 우리 브랜드를 더 좋아하게 만들자"라고만 이야기했는데, 이제는 "이번 달에 3.8점을 받았으니 다음달에는 4점을 넘기도록 하자"고 의사소통하게 되었습니다.

이렇게 열광지수로 수치화하니 고객들이 우리를 더 좋아하게 만드는 동기부여에도 도움이 되었습니다. 전에는 수강생이 도움을 요청하면, 그냥 업무의 일환으로 처리했습니다. 하지만 점수를 높일 생각을 하니 일을 처리할 때에도 조금 더 진심을 담게 되었습니다. 이번 달에 한 명이라도 더 우리 브랜드에 푹 빠지게 만들어야겠다고 마음먹게 되었습니다. 그래야 원하는 결과를 얻을 수 있기 때문입니다.

마지막으로 팁을 하나 드리겠습니다. 고객들에게 '열광지수' 조사를 요청한다고 해서 흔쾌히 응해주시는 분들은 많지 않습니다. 저희도 수강 할인권이나 마카롱 같은 작은 선물을 드리며 조사를 부탁합니다. 입장을 바꾸어 생각해보면 우리도 특정 기업의 설문조사에 항상 호의적으로 응하진 않으니까요. 내가 어느 정도 호감을 가진 브랜드라 해도 시간을 따로 내어 의견을 밝히는 것은 또 다른 문제입니다. 당연히 먼저 베풀어야 도움을 주겠죠. 어쩌면 열광지수 조사에서부터 이 브랜드의 팬이 될 수 있느냐 없느냐가 판가름날지도 모를 일입니다.

실전 : 팬을 만드는 브랜드 서클

두 회사와 '팬을 만드는 브랜드 서클'을 직접 만들어 보았습니다. '팬을 만드는 브랜드 서클'을 만든 후 좋은 기회가 되어 브랜딩 컨설팅도 진행했습니다. 두 곳 모두 매출이나 순이익 면에서 괜찮은, 실적이 훌륭한 회사입니다. 하지만 더 많은 사람들이 좋아하는 브랜드가 되고 싶다는 고민이 있었습니다. 함께 고민하면 좋은 결과를 낳을 수 있겠다는 확신으로 컨설팅을 시작했습니다. 물론 가장 중요한 이유는, 재미있겠다는 생각이 들었기 때문입니다.

컨설팅을 진행하기 전에 3가지 전제 조건을 정했습니다.

1. 대표님을 포함한 대부분의 직원이 함께 들어야 한다.

2. 2시간씩 최소 3번은 만나야 한다.

3. 이번 컨설팅을 통해 브랜딩을 끝내는 것이 아니라, 브랜딩을 시작하는 것이다.

1. 대표님을 포함한 대부분의 직원이 함께 들어야 한다.

브랜딩은 대표와 브랜딩 컨설턴트 둘이서 마주앉아 끝내는 것이 아닙니다. 처음부터 조직 구성원들과 함께 고민해야만 가장 이상적인 결과를 얻을 수 있습니다. 회사 여건상 모두 참여할 수 없다면 최소한 대표와 핵심 멤버들이라도 함께해야 합니다. 브랜드 서클을 완성하고 직원들에게 건네주면서 여기에 쓴 대로 하자고 한다면 결코 좋은 결과를 얻을 수 없습니다. 담당자뿐 아니라 대표가 항상 참여해야 하는 이유는, 대표가 최고 의사결정권자이기 때문입니다. 직원들과 머리를 맞대고 좋은 결과물을 만들었는데 대표가 적극적으로 진행하지 않으면 수포로 돌아갈 수밖에 없습니다. 한다 해도 제대로 진행되지 않을 테고요.

2. 2시간씩 최소 3번은 만나야 한다.

브랜딩이라는 단어는 익숙할지 몰라도 브랜딩이 누구에게나 익숙한 일은 아닙니다. 특히 처음 시도하는 분이라면 더더욱 어렵다고 생각될 수도 있습니다. 반복적으로 브랜딩 작업을 하면서 익숙해질 시간이 필요합니다. 처음 만난 자리에서 나온 아이디어는 대체로 회를 거듭할수록 더 나은 방향으로 진행되기 마련입니다. 브랜딩이 무엇인지 완벽히 이해하고 준비되어 있는데, 실행할 여력(혹은 동기)만 없는 상태였다면 몇 시간 만에 끝낼 수도 있습니다. 하지만 대부분이 그렇지 않기에 최소한 3번의 만남을 필요로 합니다.

3. 이번 컨설팅을 통해 브랜딩을 끝내는 것이 아니라 브랜딩을 시작하는 것이다.

브랜드 서클을 완성한다고 브랜딩이 끝나는 것이 아닙니다. 직접 만든 브랜드 서클을 바탕으로 실행해야 비로소 브랜딩이 시작됩니다. 진행하는 동안 수정해야 할 일도 꾸준히 생깁니다. 제 역할은 브랜딩을 시작할 수 있도록 돕는 것, 브랜드의 시작을 함께하는 것이라고 말하는 이유입니다.

제가 컨설팅을 진행한 회사는 '메이베나'와 '우리즈'라는 곳입니다. 두 회사를 간략히 설명하면, 메이베나는 뽑아 쓰는 마스크팩, 폼클렌징 등 뷰티 제품을 만드는 회사로, 와디즈를 통해 많은 펀딩을 받으면서 꾸준히 성장하고 있는 회사입니다.

우리즈는 방방곳곳이라는 신규 브랜드를 론칭하면서 저와 만나게 되었습니다. 방방곳곳은 치약이나 물 먹는 하마처럼 집에 항상 필요한, 곁에 두는 제품을 만드는 회사입니다. 현재 매출은 잘 나오지만 신뢰가 가는 브랜드를 만들어 브랜드 확장을 하겠다는 니즈가 있습니다. 세상에 없는 제품을 만드는 게 아니라, 항상 곁에 있는 제품을 만들되, 좀 더 명확한 브랜딩 작업을 통해 고객의 사랑을 받는 브랜드가 되려는 회사입니다.

브랜딩 작업 전에 한 일

두 회사 모두 브랜딩을 하기 전에 경쟁사는 어디인지, 고객이 누구인지부터 파악했습니다. 경쟁사를 분석할 때는 경쟁 브랜드에서 떠오르는 이미지를 먼저 정리했습니다. 이를 바탕으로 경쟁 브랜드가 시장에서 어떻게 높은 점유율을 차지하는지, 고객들은 경쟁 브랜드의 어떤 점을 좋아하는지를 찾았습니다.

그다음 한 일은 우리 제품을 구매할 만한 가상의 고객 한 명을 만든 것입니다. 메이베나의 가상 고객은 '경기도 분당에 거주하는 34세 여자 김수영'입니다. 특징으로는 워킹맘이자 직업은 사람들을 계속 만나야 하는 성형외과 상담실장이며 온라인 쇼핑을 자주 함, 아이들과 주말에 카페나 맛집 가는 것을 즐기고 친구들과 평일에 동네에서 맥주 한잔하는 것을 좋아할 것이라 정했습니다. 이런 가상의 고객을 만드는 것은 브랜딩 작업에서 머릿속에 명확한 고객을 떠올리게 하므로 많은 도움이 됩니다.

마찬가지로 방방곳곳은 '35살 여자 김지연'이라는 가상 고객을 만들었습니다. 부산 센텀 35평 아파트 거주, 세 살 된 여자아이가 있음, 남편은 대기업 과장, 아이 사진을 인스타그램에 자주 올리고 아기가 먹는 음식이나 입는 옷에 관심이 많은 것이 특징입니다.

메이베나의 경우는 현재 이미 '브랜드'를 가지고 있기에 가장 많이 구매하는 고객들의 특성을 기반으로 가상의 고객을 만들었습니다. 하지만 우리즈의 방방곳곳은 아직 론칭하지 않은 신규 브랜드이기에 이런 고객이 아마 주요 고객이 될 거라는 추측으로 만들었습니다.

브랜드 본질

내가 진짜 파는 것이 무엇인지, '업의 본질'을 찾는 파트입니다. 메이베나는 세상에 없던 제품을 만드는 브랜드가 아닙니다. 주로 기존에 있던 제품에서 문제를 찾아내어 이를 해결한 새로운 제품을 고객들에게 제안합니다. 메이베나는 업의 본질을 '새로움을 찾지 않는, 기존 제품의 문제 해결'이라 정의했습니다. 방방곳곳은 업의 본질을 '고객들에게 삶의 여유를 제공한다'로 정했습니다. 이 브랜드는 가정에서 자주 쓰는 다양한 제품을 판매할 예정이기에, 고객들에게 믿을 수 있는 좋은 제품을 제공함으로써 제품 선택에 고민하는 시간 없이 손쉽게 구매 결정을 하도록 돕고자 합니다. 구매를 고민할 시간을 줄이고 삶의 여유를 누리게 하는 것이 진짜 목적입니다.

이 책에는, 두 회사의 브랜드 본질을 고민하는 과정을 생략하고 결과만 정리해보았습니다. 이것만 본다면 혹여 저희가 매우 쉽게, 짧은 시간에 간단하게 찾았을(혹은 정했을) 거라 생각하실 수도 있습니다. 하지만 빠른 시간 내에 답이 나오는 질문은 결코 아닙니다. 브랜딩을 하면서 가장 치열하게 고민하는 파트이고, 가장 먼저 하는 이유도 그만큼 중요하기 때문입니다. 이 두 회사 역시 브랜드 본질에 대해 계속 고민하고 고민했습니다. '고객들은 왜 우리 제품을 살까?', '우리는 고객들에게 어떤 이점을 제공할 수 있을까?' 등에 끊임없이 답하며 업의 본질을 찾았습니다. 더 의미 있는 것은 대표와 조직 구성원이 함께 치열하게 고민했다는 겁니다. 업의 본질, 브랜드의 본질은 조직이 나아가야 할 방향을 함께 정하는 것이기에 각별한 의미가 있습니다.

브랜드 비전

'고객의 어떤 문제를 해결해서 / 어떤 세상이 되길 원하는지'를 고민하는 파트입니다. 문제 해결 부분은 대부분 브랜드 본질과 중복되기에 비교적 쉽게 찾을 수 있습니다. 아울러 문제를 해결함으로써 고객에게 어떤 이점을 줄 수 있는지 고민하는 시간입니다.

메이베나는 '기존 제품의 문제점을 해결해서 / 화장품을 구입하는 사람들의 불필요한 지출을 줄여주는' 것을 브랜드 비전으로 정했습니다. 여러분도 자신에게 맞는 화장품을 찾기 위해 다 쓰지도 못할 제품을 샀던 경험이 있을 겁니다. 메이베나가 집중한 포인트가 이것입니다. 정말 좋은 제품을 만들어서 누구나 쓸 수 있다면 소비자들의 기회비용과 실제 비용을 절약할 수 있을 거라 생각했습니다.

방방곳곳은 '소비자 생활의 문제나 결핍을 해소해서 / 누구나 쾌적한 삶을 살게 한다'를 브랜드 비전으로 삼았습니다. 브랜드 본질에서 이야기한 '삶의 여유'와도 직결되는 부분입니다. 이 브랜드가 고민한 포인트는 공급과잉 시대에 너무 많은 선택지를 마주해야 하는 소비자들의 고충 해소였습니다. 방방곳곳이라는 브랜드를 신뢰해서 구매하게 만든다면, 소비자들의 번거로움을 줄여주는 것은 물론 그들의 쾌적한 삶을 도울 수 있다고 생각했습니다.

브랜드 미션

비전을 성취하려면 미션으로 무엇을 해야 하는지 생각해봐야 합니다. 메이베나는 '사람들의 문제를 찾고 그것을 해결하는 제품을 개발하고 제안한다'로, 방방곳곳은 '사람들 곁에 두고 싶은 가치 있는 제품을 꾸준히 만들고 알리자'로 미션을 정했습니다.

조직 구성원들은 미션을 정하는 과정에서 우리가 해야 하는 일을 명확하게 정의할 수 있습니다. 방방곳곳은 사람들이 곁에 두고 싶은 제품을 꾸준히 만들어야 합니다. 그러려면 집에 하나씩은 갖고 있는 제품 중에서 보다 나은 가치를 제공하는 제품을 만들기 위해 노력하게 됩니다. 또한 사람들이 지금 사용하고 있는 제품들 때문에 어떤 불편함을 겪고 있는지 계속 들여다보고 찾게 됩니다. 결국 이 불편을 해소하는, 더 나은 가치를 담은 제품을 개발하는 노력에 집중하게 됩니다.

브랜드 약속

고객들에게 어떤 약속을 할지 열거해보는 시간입니다. 브랜드 약속 중 많은 부분은 뒤에 나오는 브랜드의 전문성, 정감성과 공감성 부분과 중복되기도 합니다. 약속이라 하면 아무래도 그 말이 주는 무게감이 있기에 신중해지기 마련입니다. 이때 방법이 있습니다. 대표를 포함한 조직 구성원 모두에게 포스트잇을 주고 고객들에게 약속하고 싶은 내용을 적어달라고 합니다. 그렇게 다 모아서 논의를 마친 후 선택을 합니다. 브랜드 약속은 브랜드 미션을 염두에 두고 진행해야 합니다.

메이베나 브랜드 약속

- 화장품 다이어트 : 우수한 메이베나 제품 덕분에 고객들이 수많은 제품을 사서 테스트해볼 필요가 없음.
- 피부 케어 솔루션을 제공하는 상담 서비스 제공.
- 진정성 있는 제품 : 내부 직원이 직접 사용하는 화장품.

- 당신과 피부 고민을 함께하겠습니다.
- 차별화된 방법을 제시 : 더 편리하게, 기능이 더 뛰어난.
- 우리가 먼저 고객의 팬이 되고 싶다 : 우리가 먼저 고객을 챙기고 더 신경쓰겠습니다.
- 믿고 쓰는 메이베나 : 믿을 수 있는 브랜드가 되겠습니다.

방방곳곳 브랜드 약속

- 꾸준히 고객과 소통하겠습니다 : 1년에 2번씩 대표가 고객의 고민을 듣는 자리를 만들겠습니다, 인스타그램에 해시태그를 남기면 반드시 소통하겠습니다.
- 항상 곁에 두고 싶은 제품을 만들겠습니다. : 예쁜 디자인과 더 나은 가치를 제공하는 제품, 고객 문제를 해결하는 믿을 수 있는 제품 생산.

혹시 이 두 회사를 보고 메이베나의 브랜드 약속이 더 많으니 더 잘한 것 아니냐고, 혹은 브랜드 약속이 몇 개나 되어야 하는지 궁금해하실 수 있습니다. 브랜드 약속은 개수가 중요한 게 아닙니다. 하나라도 좋으니 꾸준히 지킬 수 있는 약속을 정하는 것이 가장 중요합니다.

브랜드 목표

브랜드 목표는 매출액이 될 수도 있고 시장점유율이 될 수도 있습니다. 메이베나는 매출액으로 목표를 정했습니다. 2021년 25억, 2022년 60억, 2023년 100억, 2024년 200억, 2025년 350억 그리고 결국 2026년에는 매출 500억을 달성하는 브랜드를 만드는 것으로 정했습니다.

혹은 방방곳곳처럼 '10년 안에 대한민국 한 가구당 방방곳곳 제품 한 개씩'을 목표로 정할 수 있습니다. 방방곳곳 브랜드를 운영하는 우리즈의 대표는 매출 목표를 정하면 직원들에게 너무 스트레스가 될까 봐 매출액으로 목표를 정하고 싶지 않다고 했습니다. 이 부분에 동의하지 못하는 분들도 있을 겁니다. 하지만 이건 맞고 틀리고의 문제가 아닌 '다름'의 문제로 받아들여야 한다고 생각합니다. 중요한 것은 목표가 있느냐 없느냐입니다. 목표가 있는 브랜드와 목표가 없는 브랜드는 일의 진행방식에서 차이가 날 수밖에 없습니다. 매출액이건 시장점유율이건 확고한 브랜드 목표를 세우면 조직 구성원들이 자기 일의 목표를 설정해 나가는 데에도 큰 도움이 됩니다.

브랜드 가치

브랜드 본질만큼이나 대단히 많은 시간을 고민하는 부분입니다. 소비자들에게 우리 브랜드가 어떤 이미지로 보여질지를 정해야 하기 때문입니다. 이 부분 또한 조직 구성원들이 다양한 의견을 내고 취합해 가장 중요하게 생각하는 가치를 3가지로 정했습니다. 한 번에 정한 건 아니고 2번 정도 진행하면서 마무리했습니다. 특히 브랜드 가치 이미지를 시각화하는 작업을 하는 동안, 좀 더 구체적이고 실제적인 가치를 찾을 수 있었습니다.

메이베나 : 문제 해결이 뛰어난, 믿을 수 있는, 기대되는
방방곳곳 : 삶의 여유를 제공하는, 제품 선택에 깐깐한, 귀를 기울이는

유사 브랜드

내 브랜드 가치를 가장 잘 표현하는 유사한 브랜드를 찾는 과정입니다. 메이베나의 경우 '문제 해결이 뛰어난'은 이용자들이 메시지를 보낸 후 삭제할 수 없었던 문제를 해결해준 카카오톡, '믿을 수 있는'은 브랜드에 대한 신뢰만으로 구매가 이루어지는 무인 양품, '기대되는'은 다양한 굿즈로 고객들의 사랑을 받는 스타벅

스로 정했습니다.

방방곳곳의 경우 '삶의 여유를 제공하는'은 휴식을 제공하는 바디프렌드, '제품 선택에 깐깐한'은 고객의 건강을 챙기는 데 깐깐한 이미지의 코웨이 정수기, 그리고 '귀를 기울이는'은 소비자와 늘 소통하기 위해 노력하는 스타벅스로 선택했습니다.

인재상

인재상은 브랜드 가치를 담는 것이 정말 중요합니다. 조직 구성원을 통해 고객에게 우리 브랜드의 가치가 전달되기 때문입니다.

메이베나는 인재상을 '문제 해결 능력이 뛰어나며 업무 처리를 믿을 수 있고, 내일의 발전이 기대되는 사람'으로 정했습니다. 브랜드 가치인 '문제 해결이 뛰어난, 믿을 수 있는, 기대되는'을 그대로 반영했습니다. 방방곳곳은 '고객에게 삶의 여유를 제공하는 것에 사명감을 느끼고 고객을 위한 제품 개발에 깐깐하며 고객의 이야기에 항상 귀를 기울이는 사람'으로 정했습니다. 마찬가지로 브랜드 가치인 '삶의 여유를 제공하는, 제품 선택에 깐깐한, 귀를 기울이는'을 그대로 담아냈습니다.

일 잘하는 법

일 잘하는 법은 저희가 먼저 제안하고 회사에서 필요한 부분을 추가해서 쓰는 경우가 많습니다. 브랜드 가치를 기반으로 5가지 정도를 제안합니다. 아래 내용은 브랜드 가치를 기반으로 두 회사에 제안한 것입니다.

메이베나에서 일 잘하는 법

1. 우리는 고객의 문제 해결을 하는 사람들이다.
2. 고객이 항상 믿을 수 있는 제품을 만드는 것이 우리가 하는 일이다.
3. 고객들이 항상 우리의 다음 제품을 기대하게 만든다.
4. 우리는 단순히 뷰티 제품을 파는 것이 아니라, 고객들에게 보다 더 나은 삶을 제공하는 일을 한다.
5. 회사가 바르게 성장하기 위한 의견은 속에 담아두지 않는다. 항상 리더들에게 이야기하고 실행하기 위한 노력을 함께 한다.

방방곳곳에서 일 잘하는 법

1. 고객들에게 믿을 수 있는 제품을 제안해 삶의 여유를 제공

하는 것을 우리의 목표로 한다.

2. 제품 선택은 어떤 회사보다 깐깐하게 한다. 고객이 가장 깐깐한 회사를 생각할 때 방방곳곳이 가장 먼저 떠오르도록 해야 한다.

3. 고객들의 피드백에 늘 귀 기울이기 위해 노력한다.

4. 회사가 성장하려면 더 많은 고객을 더 많이 만족시키는 것이 가장 중요하다.

5. 사소한 의사결정도 어떤 선택이 고객에게 더 도움될 것인지를 함께 고민한다.

대표가 일 잘하는 법

이 부분은 리더가 꼭 알아야 할 내용으로 제안하되, 회사 내부 사정에 맞게 수정하기도 하고 추가하기도 합니다.

대표가 일 잘하는 법

1. 회사 내외부적으로 일어나는 문제는 모두 대표의 잘못이다. 설령 그게 아니더라도 내 잘못이라고 생각한다. 그렇지 않으면 회사는 성장할 수 없다.

2. 내가 회사를 잘 운영하고 있는지 궁금하면, 나와 함께 일하

는 직원이 어떻게 일하는지 보면 된다.

3. 우리는 고객들에게 멋진 경험뿐 아니라 우리 브랜드를 통한 추억을 만드는 데 집중한다.

4. 회사가 성장하기 위해 대표가 가장 열심히 공부해야 하고 가장 열정적으로 일해야 한다.

5. 직원들에게 일을 부탁할 때는 왜 이 일을 해야 하는지도 함께 설명한다.

브랜드 커뮤니케이션 아이덴티티 - 비주얼

이 부분은 보통 회사 디자이너들의 의견을 가장 많이 반영합니다. 물론 제가 디자인 전공이 아니라 그렇기도 하지만, 어느 정도 전문성이 반영되는 영역이기 때문입니다. 방방곳곳의 대표 색상은 베이지, 폰트는 명조체로 일단 정했습니다. 메이베나는 하늘색과 산돌 고딕으로 정했습니다. 방방곳곳은 신규 브랜드라 정해진 대로 진행하면 되지만, 메이베나는 이번 브랜딩 작업을 하면서 일관성에 대한 이슈가 제기되었습니다. 기존 제품의 패키지나 상세페이지 등이 달라지기에 고민된다는 것이죠. 제가 드린 답은 기존제품은 바꿀 수 없으니 이제부터 나오는 제품은 우리가 정한 대표 색상과 폰트로 진행하면 된다였습니다.

두 회사에서 브랜딩 컨설팅을 하면서 가장 재미있었던 시간 중 하나가 브랜드 가치를 이미지화하는 작업이었습니다. 조직 구성원들에게 브랜드 가치에 맞는 이미지를 찾아오라고 이야기한 후, 함께 테이블 위에 올려두고 어떤 이미지가 우리 브랜드 가치를 잘 드러내는지 함께 찾았습니다. 조직 구성원들은 왜 이 이미지를 골랐는지 이유를 설명하면서 브랜드 가치에 대해 더 깊게 고민하기도 했습니다. 이렇게 찾은 브랜드 이미지는 사무실에 붙여두었습니다. 오며 가며 보는 것이야말로 브랜드 가치를 계속 내재화하는 좋은 방법 중 하나기 때문입니다.

브랜드 커뮤니케이션 아이덴티티 - 언어

브랜드 문장을 만드는 것 역시 결코 쉬운 작업은 아닙니다. 하지만 일단 하나를 택하고 수정하겠다고 마음먹으면 조금 더 수월하게 진행할 수 있습니다.

메이베나 : 내일의 나를 기대하게 만드는 메이베나.
방방곳곳 : 당신과 소통하는 당신의 문제 해결사.

브랜드가 어떤 방식으로 언어를 표현할지에 관해서는 브랜드 가치나 브랜드 본질에 맞추어 정리해봤습니다.

메이베나 : 전문적인 단어를 사용하면서 신뢰감을 높이도록 표현, 더 나은 결과를 기대하게 만드는 긍정의 어휘 사용, 문제 해결을 위해 진지하게 노력한다는 내용을 항상 기술.

방방곳곳 : 삶의 여유가 느껴지는 편하고 쉬운 어휘 선택, 제품 선택의 깐깐함을 표현할 때는 진지한 방식으로 기술, 고객의 말에 귀를 기울이기 위해 모든 조직 구성원들이 애쓴다는 내용을 항상 기술.

브랜드 스토리

브랜드 스토리 역시 늘 강조한, 가장 중요한 부분 중 하나입니다. 조직 구성원들과 함께 만들어봤는데, 이미 브랜딩에 관한 고민을 꾸준히 해온 상황이기에 비교적 쉽게 정리할 수 있었습니다. 브랜드 스토리부터 먼저 시작하면 시간이 걸릴 수 있지만, 이미 충분히 논의해온 터라 다양한 의견을 손쉽게 주고받을 수 있습니다.

메이베나

전문성:

1. 직원들이 쓰는 화장품.

2. 화장품에 대한 끊임없는 연구.

3. 믿을 수 있는 생산시설.

4. 공신력 있는 외부 인증을 통한 신뢰성 확보.

5. 믿을 수 있는 품질 기준 : 불만족 시 100% 환불.

6. 믿을 수 있는 성분 : 유해화학 성분이 안 들어감.

정감성:

1. 화장품 성분이나 회사 내부 이야기를 소셜 미디어를 통해 고객과 소통.

2. 고객과의 꾸준한 소통을 위한 팬미팅 + 라이브 커머스를 통한 고객과의 지속적인 관계 유지.

3. 직원이 직접 만드는 제품 생산 방식(직원 스스로의 문제를 해결하기 위한 제품).

4. 직원 개개인 성장을 위한 사내 프로그램.

5. 구매액이 클수록 혜택도 커지는 리워드 프로그램.

공감성:

1. 피부로 인한 자존감 상실이 없는 세상.

2. 피부관리 소외 계층을 위한 꾸준한 기부 활동(연 2회).

3. 한국 화장품의 우수성을 메이베나를 통해 237개국에 알리고 싶다(현재 18개).

방방곳곳

전문성:

1. 아이템 선정 시 반드시 전문가 자문을 얻어서 만든다(스페셜리스트 공동작업 시스템).

2. 제품 개발팀 전원이 사용 후 100% 동의해야 제품 출시.

3. 우리가 팔고 싶은 제품이 아니라, 고객의 문제를 찾아내 아이템 선정.

정감성:

1. 탄력근무제.

2. 수요일마다 2시간씩 독서, 함께 식사.

3. 근무시간에 직원 업무역량 강화를 위한 독서.

4. 일주일에 한 번 커피 사주기.

5. 직급이 없는 수평적인 문화 만들기, '님'으로 호칭.

공감성:

1. 지역 복지관을 통해 소외계층도 삶의 여유를 갖도록 방방
   곳곳 제품을 꾸준히 기부.

브랜드 스토리 또한 이렇게 정리해놓고 계속 추가해가는 것이
중요합니다. 이미 우리 브랜드가 가지고 있는 멋진 이야기를 찾아
내는 것도 중요하고, 존경받는 브랜드가 되기 위해 이야깃거리를
만드는 것도 중요합니다. 물론 더 중요한 건 없는 이야기를 지어내
서는 안 된다는 겁니다.

브랜드 팬

그동안 브랜드 서클을 해온 이유가 어쩌면 이 파트를 완성하기
위해서일 수도 있습니다. 브랜드 서클 내에서는 '그냥 팬을 만듭
시다' 혹은 '팬을 많이 만듭시다' 같은 추상적인 이야기가 아닌,
구체적인 내용을 정리하면서 조직 구성원들에게 명확한 방향성
을 제공할 수 있으니까요.

메이베나

- 브랜드 팬: 1회 이상 구매하신 분들 중에 메이베나의 팬이 기꺼이 되어주실 분들

- Why : 왜 브랜드 팬이 되어야 하는가?

1. 연 1회 대표와 함께 식사(부산으로 국한).

2. 제품개발 참여 : 네이밍 등.

3. 신제품 출시 전 상품 제공.

4. 서프라이즈 상품 제공.

5. 팬클럽 할인 제공(자사몰).

6. 굿즈.

- How: 어떻게 소통할 것인가?

1. 카카오톡 단체 창.

2. 팬만을 위한 비공계 인스타그램 계정.

3. 라이브 방송.

- What : 무슨 내용으로 소통할 것 인가?

일주일에 3번 : 제품 이야기, 직원 이야기, 메이베나 소식 전하기.

- How many: 얼마나 팬을 만들고 싶은가?

2022년 5월까지 500명의 팬 확보.

방방곳곳

- 브랜드 팬: 2개 이상 제품을 구매했고 우리 브랜드를 좋아해

  주는 고객들.

- Why : 왜 브랜드 팬이 되어야 하는가?

1. 팬만을 위한 꾸준한 할인쿠폰 제공.

2. 팬만을 위해 저렴한 가격에 신제품 구매기회 우선 제공.

3. 팬클럽 행사를 통한 소속감 체험.

- How: 어떻게 소통할 것인가?

인스타그램을 통한 소통.

- What : 무슨 내용으로 소통할 것인가?

1. 고객들이 생각하는 기존 제품의 문제점을 꾸준히 청취한다.

2. 고객들을 통한 상품 제안을 받고 실제 제품개발.

‑ How many: 얼마나 팬을 만들고 싶은가?

브랜드 론칭 후 1년 안에 100명.

이제 브랜딩을 위한 초석을 다진 셈입니다. 두 회사 모두 이 시간에 만족했습니다. 무엇보다 조직이 가야 할 방향에 관해 구성원 모두가 진지하게 고민한 시간이 가장 좋았다고 합니다. 두 회사 모두 비교적 빠르게 성장하는 중이기에 늘 바쁩니다. 하지만 억지로 시간을 내어 브랜딩을 고민하는 동안, 우리 회사를 한 발짝 물러서서 객관적으로 볼 수 있었다고 합니다.

물론 이것이 끝이 아닙니다. 이렇게 만들어진 브랜드 서클을 통해 꾸준히 브랜딩을 완성해가야 합니다. 그러기 위해서는 최소한 3개월에 한 번씩은, 조직 구성원들이 우리 브랜드가 올바른 방향으로 가고 있는지 점검하는 시간이 반드시 필요합니다.

마케터라는 직업이 자랑스러운 마케터입니다

이 책의 초고를 탈고한 후, 가족과 주말에 경주로 여행을 떠났습니다. 경주는 제가 사는 부산과 가까워서 종종 여행을 가곤 합니다. 하지만 저에게 경주는 또 다른, 특별한 의미가 있습니다. 큰딸이 초등학교 4학년인데 제가 지금 딸의 나이에 가족여행으로 경주 현대호텔을 자주 가곤 했습니다. 지금은 천국에 계신 아버지와의 추억이 고스란히 남아 있는 장소입니다. 경주에 오는 이유 중 하나도 이 호텔을 방문하기 위해서입니다. 지금은 리모델링을 해서 이름도 현대호텔에서 라한 셀렉트로 바뀌긴 했습니다만, 여전히 어릴 적 가족여행의 추억이 새록새록 떠오르는 장소입니다. 누군가에게는 그냥 호텔이겠지만, 저에게는 아버지부터 저, 그리고 우리 아이들까지 3대째 추억을 이어가는, 의미 있는 장소이자 브랜드입니다. 비록 이름이 바뀌긴 했지만 제 추억은 바뀌지 않았습니다.

부산역에 가면, 홍성방이라는 중국집이 있습니다. 제가 아이들과 이 중국집에 가는 이유 또한 아버지와의 추억을 기억하기 위해서입니다. 이 집 역시 원래 남포동에 있다가 지금의 자리로 옮겼지만, 홍성방은 여전히 저에게 아버지와의 추억이 깃든 브랜드입니다.

장소가 바뀌고, 이름이 바뀌었지만, 아버지와의 추억이 깃든 브랜드가 여전히 존재하는 것에 대해 감사하게 생각합니다. 우리 아버지를 한 번도 만나지 못했던 두 딸에게 저의 어릴 적 추억을 들려주며, 할아버지에 대한 이야기를 꺼낼 수 있기 때문입니다. 이처럼 브랜드는 누군가에게 사람과 사람을 연결하는 역할을 하고, 사람과 세상을 연결하는 지점이 되기도 합니다.

저는 브랜드를 만들고, 알리는 일을 하고 있습니다. 제가 이 일을 좋아하는 이유는 브랜드가 누군가에게 의미 있는 추억을 기억하게 해주기 때문입니다. 초등학교 졸업식에 온 가족이 먹었던 중국집, 그 브랜드가 누군가에게는 인생에서 가장 소중한 추억이 될 수 있습니다. 첫사랑에게 받았던 100일 선물의 브랜드 역시 지울 수 없는 추억이 될 수 있습니다. 제가 이 일을 좋아하는 이유입니다. 우리 아이들이 자라서 마케터가 되었으면 하는 바람도 마찬가지입니다. 하루 자고 나면 사라지는 것이 너무도 많은 세상에서, 누군가에게 의미 있는 추억을 제공하는 일만큼 멋진 일, 가치 있는 일이 또 있을까요?

이 책을 계기로 누군가에게 소중한 추억을 제공하는 브랜드가 더 많아지기를 바랍니다. 처음 쓴 브랜딩 책이라 부족한 부분도 많겠지만, 지금 브랜딩을 시작하는 회사, 브랜딩에 미처 신경쓰지 못했던 분들, 작아도 내실 있는 브랜드를 만들어가고 싶은 분들에게 기억되는 책이 되었으면 좋겠습니다. 제 마음속에 남은 소중한 브랜드처럼 말입니다.

2021년 5월, 문영호